LA VIE

D'UNE COMÉDIENNE

LA VIE

D'UNE COMÉDIENNE

PAR

THÉODORE DE BANVILLE.

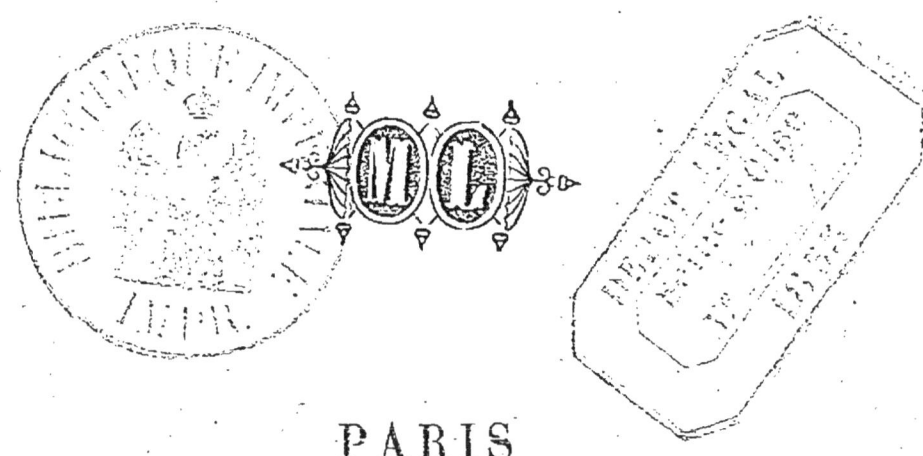

PARIS

MICHEL LÉVY FRÈRES, LIBRAIRES

RUE VIVIENNE, 2 BIS.

—

1855

Les Éditeurs se réservent le droit de traduction et de reproduction
à l'étranger.

LA VIE

D'UNE COMÉDIENNE

—MINETTE—

Sous la restauration florissaient encore sur les théâtres du boulevard le mélodrame à spectacle et le mélodrame-féerie, genres tout à fait perdus aujourd'hui, et dont il est difficile de se faire une idée, même en se reportant aux chefs-d'œuvre de cet ordre les plus connus; car Guilbert de Pixérécourt, que nous nous figurons à distance comme le héros de cette littérature pompeuse, n'en fut au fond que le Malherbe. Il s'en empara pour la civiliser, et par conséquent pour y déposer les premiers germes de destruction. En ce temps peu éloigné encore, il est vrai, mais déjà séparé de nous par tant de faits, le théâtre populaire se proposait un but radicalement opposé à celui qu'il poursuit aujourd'hui : au lieu de chercher à émouvoir l'ouvrier des faubourgs par le spectacle de sa propre vie, au lieu de lui représenter ses poignantes misères de chaque jour, il était la fantaisie qui les lui faisait oublier par les fictions où le merveilleux abondait comme dans les contes de fées et les récits des Mille et une Nuits.

Autant les auteurs cherchent aujourd'hui à atteindre une réalité d'où puissent découler des enseignements, autant alors, se bornant au rôle modeste d'étourdir et de distraire au lieu d'instruire, ils employaient tous leurs efforts à faire vivre le spectateur au milieu des plus étincelantes poésies du rêve. Aussi le côté moral n'était-il représenté dans leur œuvre que par le triomphe complet de la vertu au dénoûment, conclusion aussi éminemment consolante qu'elle est fausse au point de vue humain et religieux, car tout terminer ici-bas, n'est-ce pas démontrer l'inutilité d'une autre vie ?

Qu'on me pardonne ces quelques lignes d'avant-propos sans lesquelles on se figurerait involontairement tel qu'il est aujourd'hui le théâtre de la Gaieté où s'est passée tout entière l'existence poétique et singulière que je veux essayer de retracer. Pour l'imaginer tel qu'il était alors, il faut rêver une sorte de compromis entre les théâtres où on joue l'opéra et les petits spectacles où nous voyons représenter des pantomimes. Décors à effet montrant les cieux, les enfers, et, comme paysages purement terrestres, les sites de montagnes les plus échevelés, avec les torrents, les cascades et les pins croulants sur des abîmes ; machines compliquées, trucs, illusions, vols aériens, feux du Bengale ; armées de danseuses, de comparses, et de personnages amalgamant dans leurs riches et prétentieux costumes toutes les mythologies et toutes les époques chevaleresques, tel était l'effet général d'un théâtre de boulevard à cette époque où le spectacle était encore la seule pâture donnée aux instincts artistiques du peuple.

Les habitants du Marais, pour qui la représentation d'un mélodrame était une si grande affaire que pendant quinze jours au moins ils en critiquaient jusqu'à la partition avec le sérieux réservé aujourd'hui aux discussions politiques ; les amateurs de la vieille roche qui nomment avec tout le respect du souvenir Tautain, Frénoy, Ménier père et mademoiselle Lévesque, se rappellent encore une actrice, nommée Adolphina, qui remplissait habituellement les rôles de fées ou de génies, et qui jouissait d'une incomparable célébrité pour l'adresse qu'elle apportait dans l'exercice vulgairement nommé : combat au sabre et à la hache.

En 1813, une année avant la naissance de

sa fille Minette, qui a laissé, elle, une véritable réputation, Adolphina était une femme de seize ans à peu près, mais à qui tout le monde en aurait donné vingt-deux, tant sa tête était flétrie et déflorée par les habitudes les plus grossières. Magnifiquement proportionnée, mais d'une taille colossale, dont les statues de villes posées sur la place de la Concorde peuvent donner une idée avec leurs muscles de taureau et leurs membres athlétiques, cette amazone de bas étage eût été belle, si l'idée de beauté pouvait s'allier avec le manque complet d'intelligence et d'idéal. En effet, ses traits admirablement réguliers effrayaient et éloignaient pourtant le regard par tous les signes qui indiquent l'âme absente. Son front étroit, sur lequel empiétait encore une forêt touffue et inextricable de cheveux d'un blond fauve, l'expression hébétée et féroce de ses yeux d'un gris verdâtre, sa bouche charnue, exprimant tous les appétits sensuels, et meublée de dents blanches comme celles d'un nègre ou d'un animal carnassier, ses oreilles trop petites et d'une merveilleuse structure, enfin les taches de rousseur répandues à profusion sur sa peau où se brouillaient inégalement le blanc, et le rose, et l'or du hâle, tout en elle accusait ces races éternellement indomptées qui en pleine France vivent de la vie sauvage.

A sept ans, Adolphina s'était enfuie de chez ses parents, pauvres ouvriers de Châlons-sur-Saône, pour suivre des saltimbanqués, dont elle avait depuis lors exercé le métier, fourrant sa tête dans la gueule des lions, faisant des armes avec les sergents-majors, enlevant avec ses dents des poids de cinq cents livres et se faisant fracasser des pavés sur le ventre. Remarquée à la foire de Saint-Cloud par un directeur qui l'avait trouvée superbe l'épée en main, elle avait été engagée au théâtre de la Gaieté. Peu de temps après, on y voyait entrer à sa suite l'homme à qui obéissait cette étrange créature, moitié femme, moitié bête fauve.

Qui ne l'a observé ? Le besoin de s'agenouiller devant un maître follement aimé
existe chez ces natures sauvages au même
degré que chez les âmes d'élite. Adolphina
avait trouvé son vainqueur dans un clown,
nommé Capitaine, qui, grâce à sa protection,
avait quitté les baraques de la foire pour représenter dans les mélodrames-féeries les
crapauds, les tortues, et tous les monstres
infernaux qui disparaissent par une trappe
anglaise, au commandement de la sorcière.
Il est inutile de dire que la sauteuse, en qui
tout était vice, et qui passait son existence
noire de coups et ivre d'eau-de-vie, ne pouvait se donner qu'au Vice ; seulement, elle
avait su en trouver une expression plus hon-
teuse et plus basse que ce qu'elle était elle-
même, car elle représentait du moins la Force
aveugle et intrépide !

Au contraire, quoique lui aussi fût doué
d'une vigueur qui le rendait redoutable, Ca-

pitaine était lâche. Haut de quatre pieds dix pouces à peu près, il avait tout à fait l'aspect d'un nain à côté de la géante qu'il tyrannisait et qu'il battait sans rien perdre de son prestige. Sa figure était exiguë et ignoble. Ses yeux noirs, humides, enfouis sous des sourcils épais, avaient l'air d'avoir été percés avec une vrille. Son nez grotesque, sa bouche démeublée et capricieusement fendue, son menton trop court exprimaient la cruauté stupide. Surmonté de cheveux rares, toujours trop bien frisés, ce visage était envahi tout entier par une barbe qui, même rasée avec soin, le laissait tout entier d'un bleu foncé. L'incroyable toilette du Capitaine ne contribuait pas peu à compléter cet ensemble. En tout temps, il portait sous son col rabattu une cravate de soie couleur de rose ; son corps maigre flottait dans une redingote garnie de velours, et une énorme chaîne en chrysocale émaillé se balançait sur son gilet de velours bleu de ciel. Ajoutez un pantalon de fantaisie collant, des chaussures toujours percées et toujours vernies, des mains courtes et maigres chargées de bagues indescriptibles, et une de ces pipes courtes et noires dites *brûle-gueule*, dont toute la personne du clown exhalait le parfum mêlé à celui de l'alcool, vous aurez à peu près cette figure de mime, si ignoble qu'elle en devenait presque effrayante.

Tel était à peu près le couple que, même dans un monde trop exempt de préjugés, personne ne voyait sans terreur, après plusieurs mois de rapports quotidiens. Aussi, quand, le spectacle fini, Adolphina traversait les couloirs, appuyée sur le bras du monstre qu'elle appelait *son homme*, tout le monde s'écartait par un mouvement involontaire. Plusieurs fois, dans des guets-apens, Capitaine, qui était d'une habileté prodigieuse à tous les exercices du corps, avait laissé ses adversaires sur le carreau avec des dents brisées et des côtes enfoncées ; d'ailleurs, on le savait capable de tout. Il inspirait un effroi mortel jusque dans la maison qu'il habitait avec Adolphina, rue de la Tour. Chaque soir on les voyait rentrer, portant l'un ou l'autre avec le paquet de hardes une bouteille de litre pleine d'eau-de-vie, et lorsqu'une demi-heure après, commençaient les cris, les bruits de lutte et de vaisselle brisée, personne ne songeait à aller s'entremettre dans ces querelles de ménage, comme aussi personne ne s'avisait jamais de questionner Adolphina sur les coups de couteau dont elle portait les traces, ou sur les coups de bâton à la suite desquels elle se montrait avec le crâne fendu et sanglant.

Tous les voisins s'attendaient à voir le clown sortir seul quelque matin, et à trouver sa compagne assassinée. Pourtant les deux saltimbanques continuaient au contraire à s'adorer de cet amour mêlé de haine qui était le fond de leur vie, et c'est là surtout qu'il n'eût pas fait bon à venir mettre le doigt entre l'arbre et l'écorce. Si la curiosité des voisins ne fut pas entièrement déçue, du moins ne se trouva-t-elle pas satisfaite par le dénoûment qu'elle attendait ; un jour, ils s'aperçurent que l'actrice était enceinte.

Dans quel étrange dessein la Providence pouvait-elle vouloir donner un enfant à cette créature qui, non-seulement n'avait rien d'une mère, mais qui n'avait rien d'une femme ? Adolphina ne se souvenait pas d'avoir jamais été embrassée par sa mère, et les enfants lui faisaient horreur. A travers ses voyages de saltimbanque, quand par hasard elle avait vu une de ses compagnes allaiter un de ces petits anges dont la vue désarme même les cœurs les plus cruels, ce spectacle n'avait excité chez elle que du dégoût et de l'impatience. Du jour où elle sut qu'elle aussi allait être comme ces femmes qu'elle avait raillées, ses querelles avec son amant devinrent encore plus violentes et plus furieuses que par le passé. L'ivresse seule, cette ivresse de plomb qui succède à d'effroyables excès, pouvait mettre un terme à leurs combats toujours sanglants, et cependant Adolphina résistait à tout cela, grâce à son corps de fer. On croyait bien que le clown aurait tué vingt fois son enfant avant qu'il ne vînt au monde; mais personne n'osa aller le dénoncer aux magistrats. Enfin le jour de la délivrance arriva sans que Capitaine eût cessé un moment ses brutalités envers sa maîtresse, sans que celle-ci eût éprouvé un sentiment humain tandis que tressaillaient ses entrailles. Dans ce grand moment qui dompte les courages les plus fiers, ce ne furent pas des cris de douleur qu'elle poussa, mais des cris de rage.

Une fois qu'elle fut mère, il y eut un point sur lequel les deux amants s'entendirent à merveille : ce fut pour reporter sur l'enfant, mais cent fois plus vive, cent fois plus acharnée, cent fois plus implacable, la haine qu'ils avaient l'un pour l'autre.

Maintenant, quel enfant pouvait être né

de parents semblables? Un collectionneur qui laissera une bibliothèque dramatique aussi complète que celle de M. de Soleinnes et une remarquable galerie de tableaux représentant tous des acteurs, conserve deux beaux portraits de la jeune fille qui fut célèbre au théâtre sous le nom de Minette.

Le premier, daté de 1822, la représente à l'âge de sept ans, l'autre à celui de quatorze ans, où elle mourut à la suite d'un accident tragique dont le souvenir existe encore au boulevard.

Le lecteur voudrait sans doute un nom plus poétique, et je n'aurais pas manqué à le choisir tel, s'il m'eût été permis d'inventer. Mais celui-là a été consacré par les journaux du temps, et par les pièces de théâtre imprimées, aussi dois-je le conserver. D'ailleurs, comme il arrive toutes les fois qu'on s'est habitué à attacher à un nom tout un ensemble de souvenirs, pour moi le nom étrange de Minette représente merveilleusement la douce et pâle figure de cette enfant morte si jeune.

Dans le premier portrait déjà, la pâleur nacrée et transparente de la tête sur laquelle flotte une indicible mélancolie, le nez et la bouche d'une finesse excessive, et pour ainsi dire exagérée, de grands yeux bleus d'un bleu céleste de myosotis, qui boivent tout le ciel, et des cheveux blonds comme ceux des saintes, qui se confondent avec l'auréole, séparés au milieu de la tête et aplatis tout droits au-dessus d'une oreille d'une délicatesse infinie, jettent l'âme dans un attendrissement profond, car on aperçoit sur cette image tous les signes dont sont marqués les êtres qui ne doivent pas vivre. Par un heureux caprice, l'artiste a eu le bon goût de ne rien changer à l'habillement de la petite Minette. Elle grelotte sous un fichu bleu troué dont les plis fatigués et flasques ne peuvent pas du tout dissimuler une maigreur dont la vue fait peine.

Quant à l'autre portrait, je dirais qu'il est tout à fait celui d'une sainte, ravie en extase, si je ne craignais de blasphémer en parlant ainsi d'une pauvre fille qui mourut sans avoir été lavée par l'eau du baptême. Dans ce tableau, fait comme le premier par un artiste qui, sans connaître la petite Minette, avait admiré sa beauté angélique dans les coulisses de la Gaieté, le regard est tout à fait perdu dans l'infini, la bouche pâle et triste est éclairée par un sourire qui ne la quittera plus, même au delà de cette vie, les cheveux trop fins volent au souffle de la brise comme des fils de la Vierge, les mains amaigries et transparentes semblent vouloir saisir les palmes vertes du paradis.

Est-il besoin de dire quelle inguérissable tristesse s'empara de cette enfant délicate et frêle, glacée d'effroi dès que ses yeux s'ouvrirent, dès qu'elle commença à entendre et à comprendre, car elle n'entendit que des cris et des menaces et ne vit que des scènes de violence. Abandonnée sur un méchant berceau garni de haillons indescriptibles, elle s'était tout de suite habituée à serrer contre son corps ses pauvres petits membres quand le froid la saisissait, car elle avait bien vite compris que personne ne viendrait la couvrir; quand elle avait faim, elle se taisait, car elle savait qu'en le disant elle exciterait la colère de son père et de sa mère, et ferait redoubler ces cris qui la faisaient frémir. Pendant les six heures à peu près que durait le spectacle, la petite Minette restait sans lumière, toujours couchée dans son berceau défait, et frissonnant sous la chemise de grosse toile qui lui déchirait la peau. Alors, une fois qu'elle avait entendu le double grincement de la clef qui l'enfermait, déchirée par le froid et la faim, enveloppée par la nuit noire, l'enfant se sentait élevée par les ailes du rêve, car c'est une grâce que Dieu ne refuse jamais aux créatures complétement malheureuses, de leur ouvrir la porte d'or qui mène aux paradis invisibles. Elle voyait des choses dont rien n'avait pú lui donner l'idée dans le triste galetas dont elle n'était pas sortie, des feuilles, des fontaines, de grands paysages pleins de fleurs où passaient des figures de femmes en robes bleues semées d'étoiles.

Puis elle était réveillée par le retour de ses parents déjà à demi ivres qui rentraient avec colère en renversant les meubles et en s'injuriant. Adolphina se délaçait en jurant et s'enveloppait de quelques méchantes jupes; Capitaine allumait son brûle-gueule et endossait une souquenille rouge pareille à celle que portent les forçats; puis, assis chacun d'un côté à une table de bois blanc qu'éclairait une chandelle fumeuse, les deux mimes commençaient à boire de l'eau-de-vie en criant, en se disputant et en hurlant des chansons que l'enfant ne comprenait pas, mais qui la jetaient dans une profonde terreur. Enfin l'ivresse allait croissant, et les coups se mettaient de la partie. La lutte s'engageait pour durer jusqu'à ce que les deux combattants tombassent ivres morts sur le lit ou sur le carreau ; et la chandelle dont la longue mèche rouge faisait flamboyer les ténèbres à l'entour, ne s'éteignait que lorsqu'elle était tout à fait consumée, après avoir répandu sur le chandelier, sur la table et sur les verres des torrents de suif noirâtre.

Alors c'était de nouveau la nuit, l'ombre et le silence affreux, au milieu duquel les ronflements du clown et de sa maîtresse épouvantaient l'enfant presque autant que l'avaient fait leurs vociférations. Minette, les yeux tout grands ouverts, les mains pendantes hors de son petit lit, essayait de ressaisir les belles visions qui l'avaient bercée en l'absence de ses parents, et parfois elle parvenait à s'endormir parmi ces jolis rêves. Aussi tressaillait-elle de tout son corps au bruit horrible que faisait en se levant Capitaine, qui allumait sa pipe et vernissait ses bottes trouées en hurlant à tue-tête sa chanson favorite :

> Il était un grenadier
> Du régiment de Flan-an-dre.

C'est ainsi que la pauvre petite fille atteignit l'âge de six ans, n'ayant jamais été embrassée, et n'ayant jamais entendu un mot qui ne fût une injure. Alors, ses parents songèrent à l'utiliser en lui faisant jouer des rôles d'enfant dans les mélodrames-féeries, et il fut décidé que Capitaine lui apprendrait à lire. Jusque-là, elle n'avait été que rudoyée; de ce jour elle commença à être battue. Mais de ce jour-là aussi s'ouvrit pour elle tout un monde de consolations, car son père avait choisi pour lui enseigner la lecture un exemplaire des *Contes des Fées* de madame d'Aulnoy, imprimé sur papier gris, et qu'il avait acheté quatre sous sur le boulevart à l'étalage d'un bouquiniste. Si elle tremblait comme la feuille en entendant son père l'appeler des noms les plus abominables, si elle devinait, à lui voir froncer les sourcils, qu'il allait encore lui briser ses pauvres petits doigts

avec la tringle d'acier qu'il ne quittait pas
pendant tout le temps que durait la leçon,
si elle toussait à rendre l'âme, étouffée par
les bouffées que le clown lui envoyait en
plein visage, du moins elle put vivre en idée
loin de la hideuse réalité qui la tuait.

Pour elle qui n'avait rien vu, qui ne savait
rien, le monde enchanté de madame d'Aulnoy, avec ses féeries, ses princesses captives, ses palais magiques, ses combats, ses
épreuves, ses triomphes, ses costumes splen-
dides, fut le monde réel. En apprenant par
ces poëmes si bien faits à l'image de la vie,
qu'ici-bas toute félicité devait être achetée par
des travaux et des souffrances, elle s'imagina qu'elle aussi respirerait un jour l'air pur,
débarrassée de ses haillons et de l'enfer qui
l'entourait, et elle sentait son front rafraîchi
par le souffle de quelque bonne fée. Dans ses
extases, elle traversa les airs sur des chariots
célestes; accoudée sur une conque de nacre,
elle glissa sur les eaux aux chants des nym-

phes couronnées de fleurs. Quand elle avait
marché toute une nuit au milieu d'une cam-
pagne aride où les ronces et les cailloux dé-
chiraient ses pieds, alors, guidée par quelque
lumineuse étoile, elle arrivait à un palais
dont les portes de diamant s'ouvraient d'elles-
mêmes, et où de belles servantes l'attendaient
pour la laver dans les eaux de senteur, et
pour lui passer, avec le linge blanc comme
la neige, les colliers, les diamants, les saphirs, les robes couleur de soleil et couleur
de lune. Debout, près de la table chargée
d'aiguières d'or, un beau chevalier appuyé
sur sa grande épée encore souillée du sang
des monstres, l'attendait pour s'agenouiller
devant elle et pour lui offrir le talisman qui
fait obéir les génies. Ainsi elle vivait, désolée,
meurtrie, mais donnant toute sa pensée à
l'existence idéale dans laquelle elle se voyait
transfigurée et heureuse.

Comme son père lui apprenait à lire, sa
mère lui apprit à coudre, afin de l'employer

à mettre en état les robes de ville et les ori-
peaux de théâtre. Adolphina maltraita sa
fille plus cruellement encore que ne le faisait le clown, mais Minette, qui était née pour
ainsi dire avec les suaves douceurs d'une
âme résignée, était devenue la Résignation
même depuis que son esprit d'enfant avait
trouvé une fenêtre ouverte pour s'envoler
dans le ciel. En songeant aux jeunes filles
des contes renfermées dans quelque grotte
obscure, ou condamnées à de pénibles travaux par la méchanceté des enchanteurs,
elle se sentait presque heureuse de ravau-
der les chiffons de sa mère, et de tendre ses
jolis doigts à la tringle d'acier de Capitaine.
Maintenant qu'elle savait assez de couture
pour faire adroitement ce que lui ordon-
nait Adolphina, on lui laissait de la chandelle
pour passer la soirée, mais en lui infligeant
un travail au-dessus de ses forces. De plus,
elle devait préparer le souper de ses parents
avec les provisions qu'on lui laissait, et se re-

mettre ensuite à l'ouvrage. Mais elle avait bien vite expédié toute cette besogne avec ses doigts de fée, et elle pouvait revenir à son cher livre, qui lui racontait les aventures merveilleuses.

Elle lisait déjà si couramment et si bien que Capitaine avait arrêté là ses leçons, seule éducation que dût jamais recevoir Minette. Un jour, pour la première fois depuis longtemps, sa mère la lava et la peigna avec soin, lui mit du linge blanc, une petite robe neuve et un fichu de laine bleue qu'elle avait apportés du dehors, et ayant fait elle-même une toilette aussi soignée que le lui permettaient ses habitudes de désordre, dit à Minette :

— Prends ton livre, tu vas venir avec moi.

L'enfant ne savait que penser, mais suivit aussitôt Adolphina avec son obéissance accoutumée. Comme elle n'avait jamais passé la rue de la Tour, où ses plus longues courses consistaient à aller chez le boulanger, chez le charbonnier ou chez la fruitière, elle se sentit toute joyeuse en respirant l'air dans la rue des Fossés-du-Temple, où le boulevart envoyait quelques parfums de fleurs et de printemps, car on était en juin. Pendant la route qui dura trois ou quatre minutes à peine, elle se demandait où la conduisait sa mère, lorsque celle-ci s'arrêta devant un grand bâtiment percé de nombreuses fenêtres, et d'une petite porte au-dessus de laquelle on lisait en grosses lettres : *Entrée des artistes.* C'était le théâtre de la Gaîté.

— Entrons, dit Adolphina, c'est ici.

Puis entraînant toujours l'enfant après elle, elle monta l'escalier, traversa les couloirs, la scène obscure, d'autres couloirs encore, arriva enfin à une antichambre meublée de quelques mauvaises banquettes, et dit à une espèce d'huissier :

— Il m'attend, dis-lui que c'est moi.

— Dans un instant, répondit le domesti-

que ; madame Paul est avec lui ; ils n'en ont
pas pour cinq minutes.

En effet, moins de cinq minutes après, Minette ouvrit de grands yeux en voyant passer
devant elle une femme élégamment parée qui
lui représenta les fées et les princesses dont
elle lisait tous les jours l'histoire ; puis sa
mère et elle furent introduites dans le cabinet
du directeur.

— Ah ! dit celui-ci à Adolphina, tu ne m'as
pas trompé, l'enfant est bien jolie ! Ah çà,
comment diable as-tu fait pour être la mère
d'un bijou pareil ? Tu dis qu'elle sait lire ?

— Comme toi et moi.

— Eh bien ! dis-lui qu'elle me lise quelques lignes, à haute voix, et bien lentement.

L'enfant, tout interdite, ne bougeait pas.

— Tu n'entends donc pas, petite men-
diante, petite misérable ! lui cria sa mère en
la frappant violemment à l'épaule.

— Oh ! fit le directeur, je vois qu'elle a été
bien élevée.

Minette ouvrit son livre et se mit à lire le conte de *Gracieuse et Percinet*, mais avec tant d'âme et d'intelligence, car ce beau récit était pour elle une histoire vraie, avec une voix si délicieusement sympathique et suave que le directeur charmé prêtait l'oreille comme à une musique ! Sans doute il n'eût pas songé de longtemps à interrompre la petite fille dont il contemplait la tête blonde et mélancolique avec le plaisir qu'on éprouve à laisser se prolonger un rêve agréable. Mais le domestique entra.

— Monsieur... dit-il.

— Va-t'en au diable, s'écria le directeur avec une voix si bourrue que le valet s'enfuit épouvanté.

Puis se retournant vers Adolphina :

— Cela me va parfaitement, dit-il, aux conditions que tu sais. Demain on répète la féerie au théâtre ; amène-la dès demain, et tâche qu'elle sache son petit rôle par cœur. Surtout ne bats plus ce pauvre petit ange, tu la tueras !

— Bon, répondit Adolphina en emmenant sa fille, j'en ai reçu bien d'autres, et ça ne m'a pas empêchée de grandir.

Tels furent les simples événements à la suite desquels Minette se trouva remplir un petit rôle de génie pendant les nombreuses répétitions d'un mélodrame fantastique, sans savoir ce que c'était que le théâtre, dont elle n'avait jamais entendu parler d'une manière qui fût compréhensible pour elle. Habituée qu'elle était par ses rêveries et par son livre à se figurer que toute existence humaine avait deux côtés bien distincts, l'un hideux comme ce qu'elle voyait chez sa mère, l'autre merveilleux comme les aventures qui occupaient toute sa pensée, elle ne s'étonna pas du tout d'entendre des hommes et des femmes en habit de ville s'appeler entre eux prince et princesse, ni de voir des nymphes des fontaines en manches à gigot et des génies du feu en polonaise verte. De même elle trouva tout naturel d'entendre parler de forêts magiques, de palais célestes et de torrents enchantés parmi de vieux châssis poudreux couverts de toile peinte ; car elle se doutait bien qu'un jour la lumière inonderait ce monde enfoui dans l'obscurité et dans la poussière, et en ferait un monde de réelles féeries et de splendeurs éblouissantes. Elle devinait qu'alors sous les rayons qui perceraient toute cette ombre, les fleuves rouleraient des flots pleins de fraîcheurs et de murmures, que les feuillages se balanceraient sous le vent, que les fleurs s'épanouiraient éclatantes et parfumées, et que les palais découperaient sur l'azur du ciel leurs délicates sculptures.

Et, elle le sentait aussi, tout le peuple merveilleux qui devait habiter ces salles, ces clairières, ces paysages, ces maisons de diamant incendiées par le soleil, ces campagnes penchées sur des ondes endormies au clair de lune, toute cette foule passionnée, ivre d'amour, reprendrait ses riches habits, ses pierreries, sa dorure, et aussi la noblesse des traits

et du geste. Vieillards à la chevelure de neige
couronnés d'un cercle d'or; fées voltigeant
sur un lys; chevaliers agitant leur épée flam-
boyante ; jeunes femmes aux robes lamées,
éperdues sous les menaces des divinités en-
nemies ; génies et anges traversant le ciel
comme des sillons de lumière ; tous ces personnages de sa comédie laisseraient là leurs
grossières enveloppes, et apparaîtraient tels
que les lui avait montrés madame d'Aulnoy,
éclairés par toutes les flammes que secoue
sur ses créations la main mystérieuse de la
Poésie.

Aussi dois-je le dire hardiment, au risque
de paraître avancer une chose incroyable, le
jour venu, la représentation, les décors, les
costumes, les machines, les feux de la rampe
et du lustre, la salle, les parures, les toilet-
tes, la foule curieuse et palpitante n'excitè-
rent chez Minette aucune surprise. Les seuls
étonnements qu'elle devait connaître de sa
vie, elle les avait éprouvés chez sa mère, dans

son berceau et dans son lit d'enfant, en ne comprenant pas que la vie pût être ce qu'elle voyait, ce taudis infect, cette chandelle rouge et fumeuse, ces chansons d'orgie, ces ivresses et ces combats horribles. Du moment où une révélation inattendue était venue lui dire : la vie n'est pas cela! elle y avait cru avidement; ces contes qu'elle avait lus étaient devenus pour elle l'histoire du monde. Aussi ne devait-elle jamais comprendre que le théâtre fût une fiction; pour elle, ces féeries dans lesquelles elle jouait un rôle devaient toujours être des drames réels. Jusqu'au jour où elle mourrait, son cœur devait se serrer quand l'héroïne se débattait contre des monstres qui pour elle sortaient en effet de l'enfer. Et ce fut avec une émotion bien réelle, avec une croyance bien profonde, que, soutenue par un fil de fer auquel elle croyait moins qu'à ses petites ailes, elle s'arrêta au milieu des airs pour dire à son camarade Couturier :

« Rassure-toi, prince Charmant, les puissan-

ces infernales se lasseront bientôt de te per-
sécuter, et cette radieuse étoile dissipera les
ténèbres qui te cachent la retraite d'Aven-
turine ! » La pauvre petite, en étendant la
main pour montrer son étoile en strass tenue
par une queue de laiton, croyait bien vraiment porter dans ses mains un astre du ciel ;
illusion qui n'était pas même ébranlée lorsque le chef d'accessoires lui reprenait des
mains cette verroterie.

Les critiques me demanderont sans doute
comment ces rêveries ne s'enfuyaient pas au
moment où tombait le rideau de manœuvre,
et comment Minette continuait à y croire une
fois que le décor était défait, les quinquets
éteints, et lorsque les chevaliers vainqueurs
avaient quitté la cotte de mailles pour la
houppelande sous laquelle ils daignaient se
laisser admirer au café Achille. D'abord je
répondrais que j'essaie de raconter et non
pas d'expliquer cette douce et poétique folie ;
mais n'y aurait-il pas là le sujet d'une remar-

quable étude psychologique? Une fois notre
éducation faite, nous ne nous rappelons pas
assez les peines qu'on s'est données pour sé-
parer dans notre esprit le merveilleux du
réel; nous oublions tout ce qu'il a fallu d'é-
tudes, de raisonnements et d'expériences
pour détruire en nous cette confusion qui
enivre les âmes naïves. De même que nous
ne naissons pas avec le sentiment des dis-
tances, et que l'expérience, la comparai-
son, et le secours des sens nous apprennent
seuls que tous les objets que nous pouvons
apercevoir ne sont pas à la portée de notre
main; de même aussi il nous faut tout un
enseignement pour apprendre où finit l'ordre
matériel des choses et où commence la vie
surnaturelle; et encore les âmes simples et
les hommes de génie ne le savent-ils jamais
bien?

Pour la petite Minette à qui rien n'avait été
appris, elle voyait bien chaque jour s'arrêter
à la même heure ce qui lui semblait être

l'existence vraie, mais elle n'y croyait pas
moins pour cela ; même dépouillés de leur
costume, les personnages de la féerie gardè-
rent toujours pour elle leur puissance, et,
même vus dans leur réalité hideuse, les machines, les trappes, les cordages furent toujours pour elle les éléments d'enchantements
formidables. Il y avait alors au théâtre de la
Gaîté un machiniste nommé Simon, très-
brave homme tout chargé de famille, exact
à remplir ses devoirs, à qui la nature s'était
plu à donner par un jeu singulier le physique
rébarbatif des diables qui sortent des boîtes
à surprises. Malgré tous les éloges que la
petite Minette avait entendu faire de ce père
excellent, et quoiqu'il lui témoignât une profonde douceur, elle le regardait comme un
démon venu de l'enfer, et rien ne put la ras-
surer à ce sujet. En voyant le visage rouge
de l'honnête Simon, ses yeux sanguinolents,
ses sourcils terribles, et la crinière en brous-
sailles qui lui servait de chevelure, elle recon-

naissait un suppôt de Satan et de Proserpine, la dame au diadème de paillon rouge, à qui les mythologues du boulevart le mariaient si cavalièrement, sans respect pour les théogonies. Jamais elle ne montait sans tressaillir sur une machine ou dans une gloire dont le maniement était confié à Simon ; et s'il fallait qu'elle passât à côté de lui dans un couloir, elle se reculait toute tremblante et se serrait contre le mur en se faisant si petite qu'on ne la voyait plus. Alors le bonhomme souriait tristement, et Minette tremblait plus fort, croyant voir le sourire d'un bourreau attendri d'avance sur la victime qu'il sera forcé d'égorger.

En revanche Minette avait une adoration pour une belle personne, pleine de douceur, madame Paul, qui jouait les bonnes fées, les princesses vertueuses, et en général tous les rôles sympathiques. Le fait est que c'était une jeune femme bienveillante et aimable, blanche et timide comme une colombe, et peu faite pour vivre au milieu des triomphants Almanzors qui composaient la troupe de la Gaîté. Madame Paul adorait la petite Minette; lorsqu'elle la voyait au foyer, elle la prenait sur ses genoux, l'embrassait, et lui donnait des bonbons qui faisaient moins de plaisir que les baisers à cette enfant toujours privée de caresses. Une fois que Minette regardait avec une convoitise involontaire un petit sachet turc brodé de soie et de paillettes, que madame Paul portait au cou, et qui dans la pièce représentait un talisman, celle-ci le lui donna après le spectacle. Une autre fois, un artiste avait apporté à madame Paul, dans les coulisses, plusieurs exemplaires d'une lithographie coloriée qui la représentait dans un costume de Fée des Eaux. Les dessins lithographiés, d'une invention encore toute récente alors, étaient un objet de grande curiosité; tout le monde s'empressait autour de la comédienne pour admirer ce portrait et pour tâcher d'en obtenir une épreuve.

Minette qui, bien entendu, n'osait rien demander, mais qui ouvrait tout grands ses beaux yeux bleus, fut la première favorisée et faillit devenir folle de joie.

Le sachet, qu'elle pendit à son cou pour ne jamais le quitter, fut pour elle un vrai talisman. De même que dans les féeries elle voyait madame Paul, armée de sa baguette de diamant et couronnée de resplendissantes étoiles, terrasser les démons, rapporter la lumière au milieu des nuits funèbres, et changer les voûtes infernales en paysages du paradis ; de même elle s'imagina que cette bonne fée la sauverait de tous les périls, et ferait briller enfin d'une clarté pure sa vie maintenant voilée par tant de ténèbres. Elle avait attaché avec des épingles, sur le papier de la pauvre chambre qu'elle habitait avec son père et sa mère, le portrait dont elle faisait une idole ; et quand par hasard on lui donnait quelques fleurs, elle en parait cette chère image. C'est devant elle qu'elle élevait son âme dans les rêveries qui étaient pour elle la prière, puisqu'elle ne savait aucune prière. C'est aussi devant cette image qu'elle passait de longues heures à broder, entre les répétitions et le spectacle.

En effet, Adolphina et Capitaine avaient bien vite pensé que cet enfant de leur haine ne leur rapportait pas encore assez d'argent, et qu'il fallait lui faire apprendre un métier. D'abord elle ne jouait pas dans toutes les pièces ; puis sa mémoire lui permettait de dépenser très-peu de temps à étudier ses rôles. Justement, il y avait dans la maison une madame Lefèvre, entrepreneuse de broderies, dont le mari, monteur en bronze, avait pris Minette en amitié pour sa gentillesse. On fit marché avec cette femme, et on lui confia Minette, dont l'intelligence miraculeuse dévora là encore les difficultés avec une incroyable ardeur. En moins d'une année, elle était devenue une ouvrière de première force, et dès lors sa mère la reprit avec elle. Tous les trois ou quatre jours, elle allait chez les marchands, et apportait à Minette une tâche qui eût découragé les filleules des fées. Lorsqu'en rentrant à l'heure du dîner, elle ne trouvait pas la tâche faite, elle battait sans pitié la pauvre enfant qui ne répliquait pas un mot, et pleurait sans rien dire. Pourtant, elle faisait des merveilles de prestesse et d'habileté. Sous ses doigts agiles, les fleurs, les fleurettes, les festons, les guirlandes, les arabesques, les feuillages naissaient par enchantement. Lorsque ses petits doigts n'en pouvaient plus, elle regardait le portrait de sa fée chérie et se mettait à travailler de plus belle, faisant jouer son aiguille et ses fins ciseaux, comme s'ils eussent été vivants.

A douze ans qu'elle avait alors, Minette, qui ne devait jamais connaître ni le nom du roi, ni l'existence de la cour, brodait déjà des chefs-d'œuvre, qui, vendus pour rien à une célèbre marchande de la rue de la Paix, excitaient l'admiration à la cour de Charles X.

Mais tant de fatigues l'avaient tuée. Ses traits, naturellement très-fins, étaient devenus d'une ténuité extrême ; son nez aminci, ses lèvres pâlies, et les taches roses qui coloraient ses pommettes, indiquaient, sans que le doute fût possible, une maladie de poitrine qui allait devenir mortelle. Parfois, au foyer, quand madame Paul la mettait sur ses genoux, à la voir si souffrante et si frêle, elle pleurait en se rappelant une fille qu'elle avait perdue et qui aurait eu l'âge de Minette. Rafraîchie par ces larmes qui coulaient sur son front comme une douce rosée, l'enfant prenait dans ses petites mains la tête de son amie, et la couvrait de baisers ardents. En termes assez mesurés pour ne pas fâcher Adolphina, madame Paul la suppliait de ménager sa fille.

— Vous la tuerez, disait-elle.

— Bah ! répliquait la funambule en jouant avec son sabre de la pantomime, la mauvaise herbe croît toujours !

Plus Minette, en grandissant, avait montré

d'intelligence, de soumission et de douceur,
plus la haine de ses parents s'était accrue,
sans que rien pût expliquer ce sentiment
étrange. Au milieu de leur ivresse quoti-
dienne, une seule pensée survivait en eux
bien distincte et jamais endormie : celle de
tourmenter et de désespérer leur enfant. Ces
deux êtres violents, qui se craignaient et
s'exécraient sans pouvoir se passer l'un de
l'autre, voyaient-ils chacun dans la petite
fille un portrait de l'être qu'ils haïssaient ?
Ou bien cet ange tendrement résigné leur
semblait-il être un reproche vivant de leurs
vices, de leurs débauches et de leur vie irré-
parablement souillée ? Peut-être encore, en
la voyant si délicate, si pareille en sa beauté
aristocratique à ces enfants riches que leurs
bonnes promènent aux Tuileries, sentaient-ils
redoubler leur rage contre la vie honnête
dont ils étaient à jamais exclus ? Car malgré leurs talents, et malgré tout le parti
qu'ils tiraient de Minette, leur inconduite

les condamnait forcément à la misère.

Sans doute en regardant cette créature poétique, qui, toute maltraitée et abandonnée qu'elle était, ressemblait aux enfants nés pour le luxe, ils songeaient à ces maisons commodes et bien rangées, égayées par une élégance simple et éclairées par un feu souriant, que le soleil visite avec joie ! Chacun d'eux, en regardant son sauvage compagnon, se disait à part soi : J'aurais tout cela si j'étais seul ! Et alors leurs regards se tournaient féroces et impitoyables contre le pauvre être dont la naissance avait encore resserré une chaîne détestée. Du moins, ils le croyaient ainsi ; car quelle femme assez robuste pour boire sans sourciller des litres d'eau-de-vie, et pour recevoir sans en être ébranlée des coups qui auraient terrassé un lutteur, pouvait remplacer pour Capitaine l'athlétique Adolphina ; et, quant à elle, quel homme lui eût fait oublier son charmant clown à cravate rose ?

Déjà Minette avait cette petite toux sèche,

si effrayante quand on l'a déjà entendue, et qui retentit dans le cœur de ceux qui l'écoutent. Souvent, dans le foyer, les jambes et le col nus, vêtue en ange ou en Amour, elle avait des quintes si terribles qu'elle semblait prête à rendre l'âme. Le sang affluait à son visage, ses yeux se fermaient, et elle pouvait à peine se soutenir. Alors sa mère lui criait :

— Veux-tu te taire, méchante drôlesse !

Elle la prenait par la main, la faisait sortir du foyer en la bousculant, et l'emmenait dans sa loge. Dès qu'elles étaient sorties, on frissonnait en entendant dans le couloir les menaces d'Adolphina et les pleurs étouffés de l'enfant. Capitaine, costumé en diable ou en grenouille, avec sa tête sous le bras, ne faisait aucune attention à cet épisode et continuait à fredonner quelque romance sentimentale. Si quelqu'un de ses camarades lui faisait remarquer les cruautés d'Adolphina : « Bah ! disait-il, ce sont leurs affaires ! Je n'entends rien aux questions de pot-au-feu, je suis un artiste ! »

Pourtant les souffrances de Minette, ce martyre de toutes les heures infligé à une enfant qu'on voyait déjà couronnée par les roses blanches de la mort, avaient attendri quelques honnêtes cœurs, et on fit des efforts pour intéresser le directeur à cette histoire fatale. Madame Paul, qui était entourée au théâtre de ce respect que savent imposer dans tous les mondes les caractères dignes, le supplia d'interposer son autorité.

—Hélas, Madame, lui répondit le directeur, je souffre comme vous de voir assassiner, sous mes yeux, cette créature angélique; sa toux me bouleverse l'âme. Je donnerais tout au monde pour la sauver, mais j'y perdrais mes peines ! Vous me demandez de moraliser ces familles de comédiens; mais j'ai déjà assez de peine à concilier leurs amours-propres et à obtenir qu'ils sachent leurs rôles ! A ce que je vous dis là vous devez croire que je n'ai pas de cœur. Le seul être que j'aie aimé sur la terre, ma propre fille, une enfant de quinze ans, belle comme une sainte, s'est enfuie de ma maison pour suivre un ténor sans voix, qui portait des cols en papier et des gants verts ! Elle a subi toutes les horreurs de la pauvreté et de la faim, et elle est morte désespérée, sans soins et sans secours, avant que j'aie pu savoir ce qu'elle était devenue ! Madame, ma pauvre Marie, pour qui j'aurais donné, une à une, toutes les gouttes de mon sang, elle a été battue ! Elle a rendu le dernier soupir dans des draps déchirés et sales ! Tenez, nous vivons du théâtre, sachons vivre au théâtre tel qu'il est, et que Dieu prenne pitié de la petite Minette !

Dieu prit pitié d'elle en effet, car il lui envoya ce qui est le dernier espoir des malheureux et des désespérés, la seule illusion qui puisse faire vivre encore les âmes profondément blessées, et saignantes d'une plaie mortelle, l'amour ! Quoi, direz-vous, à treize ans !

Hélas, c'est la destinée de ces existences de hasard, que les âges mêmes soient déplacés pour elles, et que leur plus charmante promesse soit moissonnée en sa fleur ! N'oubliez pas que nous sommes au théâtre de la Gaîté en 1828; c'est-à-dire que deux révolutions et tout un monde d'idées ont passé sur ces événements obscurs.

J'ai nommé Couturier, qui jouait le prince Charmant ! Quelques années auparavant, tout le boulevart du Temple avait beaucoup parlé de Couturier, qui était le Lauzun d'un monde impossible. La vie de cet acteur, pour qui avaient soupiré les plus célèbres courtisanes du temps, et dont le nom mis en vedette sur l'affiche avait encore une influence directe sur la recette des avant-scènes, avait commencé de la manière la moins romanesque. A douze ans, il faisait partie de ces cohortes de gamins, nés dans le ruisseau de la rue, qui ramassent des bouts de cigares, ouvrent les portières des fiacres, vendent des contre=

marques et se livrent en outre à tous les commerces non reconnus par le Code de commerce. Couturier n'annonçait aucune des dispositions qui caractérisent l'enfance des hommes destinés à devenir illustres, si ce n'est qu'il avait une prédilection particulière pour la musique des régiments. Quand il avait suivi pendant une heure les soldats le long des boulevarts et à travers les rues, il entrait avec eux dans la caserne, et se faisait donner quelques sous, soit en faisant la roue suivant les traditions les plus pures, soit en chantant des chansons obscènes dont il savait un répertoire inépuisable. Dans ses fréquents rapports avec l'armée, le petit Couturier apprit à imiter d'une manière assez grotesque différents types de conscrits et de grognards, et de plus acquit pour battre la caisse un talent dont se fût montré jaloux plus tard le héros du divin poëte Henri Heine.

C'est grâce à cette double spécialité de tambour et de chanteur qu'il fut engagé en qualité de tambour sauvage au café des Aveugles et du Sauvage, sous les galeries du Palais-Royal. Coiffé de plumes, vêtu d'un maillot couleur de chair sur lequel s'étalait une amulette de velours noir brodé d'argent, et affublé d'une barbe d'un noir terrible, Couturier tapait sur trois ou quatre paires de timbales à la grande joie des vieillards qui viennent passer là trois ou quatre heures devant une corbeille d'échaudés et une bouteille de bière. De là il se trouva tout naturellement amené à prendre un rôle dans les comédies à trois personnages qui remplissent les intervalles du concert, car le personnel du café des Aveugles n'était pas assez important pour permettre à Couturier de se borner à exercer exclusivement la profession de sauvage. Quoiqu'il fût petit et trapu, et que son front disparût presque entièrement sous une chevelure ondoyante et crespelée qui semblait vouloir manger sa figure, ce jeune homme pouvait passer alors pour beau. Ses traits, pour ainsi dire prétentieusement réguliers, offraient une vulgaire copie de ceux que la statuaire prête à l'Apollon antique, et il représentait assez bien un dieu grec devenu marchand de chaînes de sûreté. Il joua donc les amoureux, moyen infaillible pour faire des conquêtes, à Paris surtout, où les femmes voient toujours dans le comédien le héros qu'il représente. Aussi ne tarda-t-il pas à exciter une grande passion chez une femme à la mode, que protégeait ostensiblement un des plus hauts fonctionnaires du royaume. Dès lors on vit Couturier venir à sa cave en gants blancs, en chemises de batiste, et couvert de plus de rubis, de saphirs et d'émeraudes que n'en étale une madone italienne. Il fit fureur dans le monde des impures, et chaque jour, à cinq heures du soir, le café était encombré de bouquets à son adresse. Fleurs, bonnes fortunes et femmes élégantes, tout le suivit au théâtre Lazary, où il débuta peu de temps après par le rôle de Roméo dans « *Roméo et Juliette,*

drame-vaudeville en deux actes, imité de
l'anglais. »

Bien qu'il affichât cinq ou six maîtresses,
depuis une riche marchande du quartier
Saint-Martin jusqu'à la bouquetière en renom
qui lui attachait à la boutonnière de délicieu-
ses roses du Bengale, la femme qui avait mis
en lumière cette perle enfouie continua ses
folies pour Couturier au théâtre Lazary. Elle
y avait loué à l'année deux loges d'avant-
scène dont les cloisons avaient été abattues
de façon à ménager une petite antichambre,
et qui, richement tendue d'étoffes de soie à
crépines d'argent par le tapissier de la cour,
faisaient à peu près l'effet d'un joyau de duchesse oublié sur la table d'un cabaret bor-
gne. Par l'ostentation d'un bizarre caprice,
la courtisane recevait les visites de ses fami-
liers dans sa loge, où on savait la rencontrer
de huit à dix heures du soir. Elle n'eut pas
une amie intime qui ne tînt à honneur de
rendre infidèle l'amant si complétement

adoré, et Couturier ne fut plus appelé que *le beau Couturier*, nom sous lequel on le désigne encore au théâtre, en dépit de ses cinquante-trois ans.

Le directeur de la Gaîté qui était, comme nous l'avons vu, un philosophe, ne voulut pas laisser aux petits théâtres une si éclatante réputation, et engagea le comédien « pour les avant-scènes, » disait-il. Grâce à l'auréole dont l'entourait sa renommée, Couturier fut accepté sans conteste par les auteurs, par ses camarades et par le public pour tous les rôles qui demandaient de la jeunesse, du charme et de l'élégance, quoique son talent fût absolument nul, et sa distinction on ne peut plus contestable. A l'époque où nous le rencontrons au théâtre de la Gaîté, il avait eu la petite vérole, était devenu presque chauve, et à vingt-sept ans ne montrait plus que des ruines. Depuis longtemps les fameuses émeraudes du café des Aveugles avaient été remplacées par des verroteries; Couturier, à force d'artifices, tâchait de persuader à ses camarades qu'il était toujours l'homme à bonnes fortunes d'autrefois, mais il sentait avec une profonde humiliation que personne ne croyait plus à ce mensonge et que bientôt on ne ferait même plus semblant d'y croire. Il était complétement découragé, et se l'avouait enfin ! D'abord il avait espéré de jour en jour que quelque éclatante passion excitée chez une femme brillante lui rendrait tout son luxe et sa gloire ancienne ; mais il était désabusé et ne comptait plus sur rien. Un seul rêve lui restait, habituel à ces natures lâches : il cherchait une femme à tourmenter, et voulait immoler à sa célébrité perdue une dernière victime. Sa dernière consolation c'était l'idée qu'il ferait payer à quelque douce créature toutes les déconvenues dont il était abreuvé, et il tressaillait de joie en songeant qu'il pourrait encore sentir une proie vivante saigner sous ses griffes à demi arrachées. Ce fut le beau Couturier que Minette aima secrètement jusqu'à l'adoration, et sans espoir !

Pour cette âme enfantine qui flottait irrésolue dans les limbes célestes de l'idéal, pour cette vierge enthousiaste qui vivait dans un poëme et croyait aux féeries, Couturier était beau et brave, les princesses l'aimaient, les divinités assises sur des nuages roses venaient lui parler à l'oreille, il avait emporté l'eau de beauté de la grotte des Sirènes, il était le prince Percinet, il était le prince Charmant ! Elle passait de longues heures à le regarder d'une coulisse agitant son épée au bruit des musiques triomphales ; elle le voyait s'agenouiller devant de belles personnes toutes tremblantes, et elle l'écoutait, désolée et ravie, murmurer d'une voix persuasive les plus belles phrases de l'amour. Elle fixait sur lui ses yeux bleus, puis elle versait des torrents de larmes, car il lui semblait impossible qu'elle devînt jamais une de ces glorieuses filles de roi qu'elle saluait au sortir d'un bosquet de roses, ou pour lesquelles, pauvre petit génie, elle agitait au haut des airs les rameaux verdoyants et les étoiles enchantées.

Or, elle se disait qu'à moins de se voir ainsi la couronne en tête, et suivie par de jeunes pages portant la queue de sa robe tissée de rayons, elle n'attirerait jamais les yeux de ce héros qui triomphait des géants et des enchanteurs. Alors elle se sauvait au foyer, elle se jetait dans les bras de madame Paul, et elle pleurait encore, jusqu'à ce que la cruelle Adolphina l'eût rappelée au sentiment de ses misères réelles par quelque parole dure et brutale.

Pourtant la pauvre Minette eût été trop heureuse si cet amour fût resté ignoré de celui qui l'inspirait, et il n'entrait pas dans sa destinée qu'elle évitât aucune souffrance. Elle devait être une de ces martyres, qui, toutes brisées et meurtries par les coins et les chevalets des tortures humaines, s'envolent

purifiées et une palme à la main à l'heure
où s'exhale leur dernier souffle. Un soir, au
moment où Couturier, ses derniers cheveux
au vent, récitait en scène un monologue de
désespoir, et se tournait vers la coulisse de
gauche en s'écriant : « *Et vous que j'invoque
à votre tour, ne pourrez-vous rien non plus
pour moi, puissances infernales, divinités de
l'abîme!* » à la lueur des flammes qui sortaient du parquet pour répondre à cet auda-
cieux blasphème, il aperçut entre deux por-
tants Minette, qui, les bras pendants, le col
tendu, le regardait fixement, avec une expression à laquelle ne pouvait pas se tromper un
homme déjà vieux dans la débauche. En
même temps, il entendit la toux déchirante
de l'enfant, et vit distinctement une grosse
larme couler sur sa joue aux transparences
de nacre.

Tout rompu aux planches qu'il était, Couturier oublia son rôle pendant deux secondes,
et ne put retenir un mouvement de joie.

« Oh ! se dit-il, cet enfant me sauve. » Et il savoura d'avance les jouissances d'orgueil qu'il aurait à effeuiller la pâle couronne de cette blanche fiancée, et à s'enivrer des adorations de cette mourante qui ne devait aimer personne après lui. Mais il était trop habile en ces matières pour ne pas se figurer qu'il devait employer les précautions les plus minutieuses, tant pour ne pas effrayer l'innocence de Minette que pour ne pas éveiller les soupçons d'Adolphina et de Capitaine. D'ailleurs, comme tous les hommes qui n'éprouvent absolument rien, il était admirablement apte à jouer le rôle d'un amoureux platonique et à s'accouder dans des poses à effet. Il pouvait d'autant mieux « contenir les élans de son cœur » que, tout déchu qu'il était, il avait encore su conserver deux ou trois maîtresses.

Jamais jeune homme de seize ans, amoureux de sa cousine, ne ramassa mieux les fleurs fanées, et ne tressaillit en frôlant une robe de soie plus naturellement que ne le faisait Couturier, et ces plates comédies rendaient Minette folle de joie, car pour elle c'était l'amour même. Comme tous les roués, le comédien ignorait une seule chose, la passion vraie, et par conséquent il n'aurait pas pu se douter qu'il se donnait des peines inutiles.

Dès le premier moment, Minette s'était donnée à lui corps et âme en pensée ; elle l'aurait suivi au bout du monde sans lui demander seulement : « M'aimez-vous? » et si Couturier lui avait dit : « Je veux te tuer, » elle n'aurait senti que du bonheur en tendant sa gorge au couteau. Il aurait pu la prendre dans ses bras échevelée, et l'emporter où il aurait voulu, elle ne se serait pas retournée pour regarder derrière elle ! Les gens vicieux ne croient jamais à ces amours-là, et c'est leur punition. Couturier se contentait de serrer à la dérobée la main de Minette, et il ne s'apercevait pas qu'elle recevait cette caresse banale comme une faveur inespérée. Une fois pourtant il la rencontra seule au théâtre dans une pièce peu éclairée, et elle le regarda avec un abandon si passionné que Couturier la prit dans ses bras et posa sur sa bouche un long baiser. Toute renversée en arrière, Minette sentit son cœur battre un grand coup, tout son sang s'agita, elle crut mourir. Quelqu'un venait : Couturier qui entendit du bruit se sauva précipitamment, et Minette s'en alla avec le ciel dans son cœur.

A présent, Minette avait trouvé ses vertes Florides ; elle y marchait parmi les fleurs, en écoutant chanter les oiseaux et murmurer les fontaines ! Libre et joyeuse, elle allait, appuyée sur le bras du bien-aimé, livrant ses mains aux baisers, sa chevelure aux folles brises. Elle s'enivrait de parfums ; elle s'arrêtait sous les berceaux de jasmins pour y regarder passer les beaux papillons et les scarabées au corsage d'or. Elle se délassait au murmure des flots argentés ; elle guérissait sa tête brûlante dans la fraîcheur des nuits d'étoiles. Quant à sa vie réelle, qu'était-ce auprès de ces rêves? Ses souffrances? Est-ce qu'elle les sentait seulement? Aimée, tout lui semblait doux, et son pénible travail de couturière et de brodeuse, et la servitude affreuse du ménage. Battue, meurtrie, prisonnière dans le bouge où sa mère buvait l'eau-de-vie, et où Capitaine fumait son brûle-gueule en chantant ses chansons infâmes, elle se trouvait heureuse, car l'espérance lui faisait un paradis, même de cette chambre, soudainement peuplée de visions riantes! Elle ne sentait plus sa poitrine déchirée, elle ne s'affligeait pas de sa toux opiniâtre, elle ne songeait qu'au bonheur de vivre ! Le clown pouvait fredonner, dans les intervalles de ses colères, *le Grenadier du régiment de Flandre ;* elle n'entendait que les hymnes des fées et les harpes de sainte Cécile !

Mais, hélas! il lui fallut bien sortir de cette extase pour entendre les cris qui éclataient dans son enfer, car de nouveaux événements y étaient survenus, et rendaient sa vie tout à fait impossible. Depuis quelque temps Adolphina, devenue coquette, se parait d'une manière inusitée, et ne rentrait presque plus à la maison. Les courts instants où elle y paraissait se passaient en querelles et en batailles abominables avec Capitaine. Le clown comprit qu'il était trompé et s'abandonna à des fureurs insensées. La nouvelle passion d'Adolphina n'était déjà plus un secret pour personne ; mais, comme toujours, Capitaine fut le dernier à apprendre qu'elle s'était follement éprise d'un jeune homme de dix-sept ans, écuyer au Cirque, et beau comme un enfant trouvé qu'il était. Au dire de la sauteuse, ce diable-à-quatre passait à travers les ronds de papier de soie avec une grâce qui devait faire rêver une femme ! Toujours est-il qu'elle n'avait pas trop mal choisi, car son amant s'engagea dans l'armée quelques mois plus tard, et mourut en Afrique, officier de hussards et aide de camp d'un général. Capitaine battait et déchirait sa maîtresse sans obtenir un aveu, et Adolphina que rien n'engageait plus à ménager son tyran, ne se faisait pas faute de lui rendre coups pour coups. Minette avait beau se jeter entre eux et tendre ses mains suppliantes, son père ou sa mère la foulait aux pieds sans plus s'inquiéter d'elle que si elle n'avait pas existé, et, leurs visages saignants, leurs cheveux arrachés, continuaient leurs luttes de bêtes fauves. Le plus souvent Minette, évanouie d'effroi et d'horreur, se trouvait seule quand elle revenait à elle.

Éperdue, elle se levait en versant des torrents de larmes, et sentait mille pointes aiguës déchirer sa poitrine. Elle s'épongeait le visage avec de l'eau froide, rajustait sa pauvre toilette fripée, et moitié folle, courait au théâtre, où elle retrouvait pour quelques heures sa vie d'enchantements, la musique, les lumières, et les poëmes animés dont le héros était toujours celui dont la seule vue la faisait trembler de bonheur, et madame Paul, son bon génie ! Mais ces alternatives de terreur et de plaisir la laissaient brisée, sans souvenirs et sans force. L'harmonieuse pâleur d'une mort prochaine glaçait ses joues amaigries, ses prunelles s'éclairaient d'une flamme intérieure, et, comme une auréole, ses fins cheveux blonds frissonnaient dans une transparente lumière. Tout le monde le voyait, une année plus tard, cette douce enfant aurait fini de souffrir, et, croisant ses mains délicates sur sa poitrine enfin apaisée, dormirait d'un calme sommeil.

Mais les cruels événements de sa vie n'étaient pas finis là. Voici le terrible drame auquel assistèrent un matin les locataires qui habitaient la rue de la Tour.

Après un tumulte épouvantable qui dura une demi-heure, et dans lequel se confondaient les cris de rage, les hurlements de douleur, les imprécations, le craquement des meubles qu'on brise et le bruit des vaisselles cassées, on entendit les vitres d'une fenêtre voler en éclats. Cette fenêtre était celle du logement où demeurait le clown. Les fragments des vitres tombèrent avec fracas sur les pavés et s'y émiettèrent ; en une seconde tout le monde était dans la cour. On vit le châssis s'agiter, comme si une personne faisait des tentatives désespérées pour l'ouvrir, et comme si une autre personne l'en empêchait avec violence. Enfin la fenêtre fut ouverte.

Adolphina parut, sanglante, percée de coups de couteau, les lèvres écumantes, terrible encore de l'effort affreux qu'elle venait de faire. Elle ouvrit la bouche comme pour parler, mais le sang l'étouffa ; elle tournoya sur elle-même, et retomba, cadavre inerte, contre l'appui de la fenêtre, sur lequel pendirent ses cheveux. Elle était morte. Alors seulement, on aperçut Capitaine dressé tout roide sur ses pieds, fou de fureur, les yeux

sortis de leurs orbites, les cheveux hérissés.
Ses manches de chemise étaient relevées sur
ses bras tatoués de cœurs enflammés et de
lacs d'amour ; il tenait encore à la main le
couteau avec lequel il venait d'assassiner sa
maîtresse.

En voyant la cour pleine de monde, en
entendant les cris qui le menaçaient, le clown
bondit en arrière et se mit à tourner autour
de la chambre comme un tigre forcé par les
chasseurs. Avec sa force d'athlète, il traîna
tous les meubles vers la porte, les entassa les
uns sur les autres, et en fit une solide barri-
cade. Il était temps. Déjà les crosses des fusils
sonnaient sur le carreau dans le corridor.
Alors, par un saut effrayant et qu'un clown
seul pouvait tenter, car le logement était situé
au troisième étage, Capitaine s'élança par la
fenêtre. Il espérait tomber à terre sain et
sauf, et s'enfuir, grâce à l'étonnement que
causerait sa chute. Cette pensée avait traversé
son esprit, et il l'avait exécutée, en moins de

temps que ne dure un éclair. Malheureusement pour lui, sa chemise s'accrocha à un gros clou enfoncé au deuxième étage et le tint ainsi suspendu. Il entendait toujours crier ; il sentait à quelques pieds au-dessous de lui la foule menaçante, il perdit complétement la tête et se débattit avec rage. La chemise céda, et vainement de ses mains étendues Capitaine chercha un point d'appui. Il tomba sur le pavé, mais non pas mort. Il avait le crâne ouvert, les deux jambes et une épaule brisées.

Au même instant Minette rentrait de la répétition. Elle se glissa dans la foule. D'un coup d'œil elle vit sa mère morte dont la tête échevelée pendait à la fenêtre, et son père gisant à ses pieds. Elle se dressa en arrière, étendit les mains, et tomba sur le pavé inanimée, blanche elle aussi comme un cadavre, à côté du corps de Capitaine.

Ce fut seulement huit jours après que Minette, couchée dans un lit blanc à l'hôpital

Saint-Louis, s'éveilla de son délire. Une bonne religieuse, la sœur Sainte-Thérèse, assise à son chevet, semblait épier ce moment, et se pencha vers elle avec sollicitude. Minette sentit en même temps une soif ardente et une horrible douleur dans sa tête, qu'assiégeaient à la fois tous ses souvenirs. Elle considérait avec étonnement la grande salle où elle était couchée, ce parquet ciré, ces nombreux lits aux rideaux blancs, ces bassins de cuivre, ces hautes fenêtres, ces infirmières allant et venant. La religieuse prit une mesure d'étain placée sur la table de nuit, remplit de tisane un gobelet et le tendit à Minette qui but avidement.

— Ah ! s'écria-t-elle, où est ma mère ?

Tout le sang qu'elle avait vu le jour du fatal événement passa devant ses yeux, et avant que sœur Sainte-Thérèse eût eu le temps de lui répondre, la fièvre et le délire l'avaient reprise. Elle fut encore pendant quinze jours entre la vie et la mort. Le médecin en chef la

soignait avec un zèle extrême, quoiqu'il se
fût aperçu dès le premier moment, que si la
fièvre pardonnait, la maladie de poitrine ne
pardonnerait pas. Enfin le mal céda, et on
put enlever la glace que Minette avait sur la
tête, jour et nuit. Peu à peu le sentiment lui
revint ; mais elle était si pâle qu'elle faisait
peine à voir, si faible qu'elle pouvait à peine
articuler une parole, et elle toussait sans relâche. On était alors en février, et après l'avoir
sauvée de la maladie aiguë, le médecin dé-
clarait qu'en supposant les chances les plus
heureuses, Minette ne vivrait plus six mois
plus tard. Aussi la bonne sœur qu'elle avait
intéressée voyait-elle surtout non pas un corps
à sauver, mais une âme. Toutes les paroles
échappées au délire de Minette l'avaient non-
seulement étonnée, mais alarmée. En effet,
la jeune fille priait les fées de sauver son père
et sa mère ; elle se plaignait des sortiléges
qui pesaient sur eux et qui les rendaient mé-
chants ; elle embrassait son talisman en in-

voquant Couturier et madame Paul ! Sœur
Sainte-Thérèse pensa d'abord que c'étaient
là des paroles incohérentes, produites seulement par une folie passagère ; mais en re-
marquant chez sa petite malade la persistance
avec laquelle revenaient les mêmes idées
exprimées de la même façon, elle se prit à
craindre que Minette n'eût reçu aucune éducation religieuse, et se promit d'amener à Dieu,
si elle le pouvait, cette pauvre brebis égarée.

Minette approchait assez de son rétablisse-
ment pour pouvoir supporter une émotion ;
mais le médecin avait recommandé avec une
extrême sévérité de ne lui jamais faire savoir
comment sa mère était morte, insistant sur
ce point qu'une révélation pareille la tuerait
à l'instant. La première fois qu'elle fit sa
question habituelle, en demandant où étaient
ses parents, la sœur la regarda avec une com-
misération profonde.

— Hélas, mon enfant, dit-elle, vous ne
devez plus les revoir qu'au ciel !

— Au ciel! murmura Minette. Mais pourquoi ma mère était-elle ainsi étendue contre la fenêtre, les cheveux dénoués? Pourquoi mon père était-il couché dans la cour au milieu du verglas? Pourquoi cette foule criait-elle? Et qui les a conduits au ciel; pourquoi y sont-ils montés sans moi?

— Mon enfant, répondit la religieuse stupéfaite, Dieu nous y rappelle quand il lui plaît, et nous ne pouvons que nous soumettre à ses décrets.

— Dieu ! répéta Minette avec étonnement. Puis elle ajouta : Ah ! sans doute quelque mauvais sort les tourmente, mais si je pouvais voir ma chère fée Paul, elle les délivrerait, allez ! Et s'ils sont vraiment dans le ciel, elle m'y mènerait avec elle ! Oui, voyez-vous, quand même il faudrait traverser les forêts pleines de démons ! elle étendrait sa baguette, et elle rallumerait la lumière des étoiles ! Et lui, lui, madame, il la défendrait bien contre les enchanteurs ! Et puis, tenez, j'ai un talisman !

Et Minette, écartant sa chemise, montrait l'amulette qu'elle avait au cou. Puis, apercevant le chapelet de sœur Sainte-Thérèse, auquel pendait un crucifix de cuivre :

— Ah ! dit-elle, est-ce aussi un talisman que vous avez là ?

— Eh quoi, s'écria la sœur tout effrayée, ne connaissez-vous pas l'image du Sauveur, de celui qui est mort sur la croix pour racheter les péchés des hommes ?

Sœur Thérèse avec une piété fervente sut apitoyer sur le sort de la jeune fille qu'on avait déshéritée du pain de l'âme le vénérable aumônier de l'hôpital Saint-Louis. Il voulut parler à Minette qui se levait déjà, et commençait à pouvoir marcher hors de la salle. En quelques conversations d'une simplicité et d'une élévation angéliques, il essaya de lui faire entrevoir les mystères de la religion. Minette écoutait avec enthousiasme tous les récits de ce digne homme qui se sentait sur-

pris de trouver dans une enfant idolâtre une
âme toute chrétienne et pleine de vertus.
Elle s'attendrissait partout avec le prêtre,
son cœur agonisait au jardin des Olives, et
elle pleurait avec les saintes femmes sur les
pieds sanglants du Christ, mais, hélas ! jamais elle ne put concevoir la vérité des his-
toires divines, et cesser de les confondre
avec les fictions de la poésie. La lumière avait
pénétré dans son esprit sans en chasser les
folles visions; aussi celui qui voulait être
son père spirituel attendait-il que ces ténèbres
se fussent dissipées pour verser sur le front
de Minette l'eau sainte du baptême. La jeune
fille était devenue chère aux religieuses par
son inaltérable douceur. Elle avait demandé
les objets nécessaires pour broder, et pendant
les deux mois qu'elle passa encore à l'hos-
pice, elle acheva une nappe d'autel qui exci-
tait l'admiration de ces pieuses filles.

Si leurs vœux et ceux de l'aumônier avaient
pu être exaucés, Minette serait entrée dans

une maison religieuse pour y passer le temps nécessaire à son éducation chrétienne. Mais comme Capitaine n'avait survécu que quelques heures à sa chute, le sort de Minette avait dû être immédiatement fixé. Le directeur de la Gaîté avait obtenu qu'elle restât au théâtre en vertu de l'engagement signé pour elle par sa mère, et à défaut de tous parents on lui avait donné pour tuteur M. Lefèvre, le mari de la brodeuse qui demeurait dans la maison de la rue de la Tour. Lui et sa femme vinrent plusieurs fois voir Minette en lui apportant des friandises et des fleurs, et enfin, comme elle était tout à fait guérie de sa fièvre, M. Lefèvre, après avoir pris l'avis du médecin, se décida à emmener sa pupille. Sœur Sainte-Thérèse voulut expliquer à l'artisan qu'il ferait une œuvre méritoire en facilitant à la jeune fille les moyens de continuer à s'instruire des vérités religieuses, et de recevoir les sacrements. Mais aux premiers mots que lui répondit Lefèvre, elle

comprit qu'elle devait renoncer à l'espoir de
convaincre ce brave homme, profondément
voltairien. Minette aurait ressenti un cuisant
chagrin en disant adieu aux bonnes sœurs, et
en quittant la triste et grande maison où
pour la première fois de sa vie elle avait
trouvé le calme, si elle avait pu croire à la
mort de ses parents, mais rien ne l'avait per-
suadée. Avant le jour où elle s'était évanouie
sur le corps de son père, elle n'avait jamais
vu la mort, et ce mot affreux n'avait aucune
signification pour elle. Comme le seul livre
qu'elle avait lu, comme les féeries dans lesquelles elle vivait au théâtre, les paroles du
prêtre, qu'elle n'avait que vaguement com-
prises, lui avaient enseigné que toutes les
épreuves sont passagères. Rien ne pouvait lui
ôter de l'idée qu'elle reverrait ses parents,
non pas tels qu'elle les avait laissés, mais
redevenus bons et aimants, pareils enfin à
ces personnages des drames qui dépouillent
tout à coup les haillons du vice et de la mi-

sère pour apparaître souriants, étincelants de beauté et de jeunesse, et le cœur plein de joie.

—Mais, disait-elle au prêtre, ne m'assuriez-vous pas que ceux qui sont morts se relèveront pour goûter d'éternelles délices? Eh bien ! si quelque bon génie a eu pitié d'eux, peut-être m'attendent-ils maintenant pour me faire partager leur bonheur?

N'ayant pu comprendre ni la mort, ni la vie future, elle appliquait à notre vie terrestre toutes les diverses espérances de résurrection et d'existence purifiée qui nous donnent la force de supporter tous les maux. De même, elle prenait dans un sens purement matériel les saintes paroles qui nous montrent l'humilité et la résignation comme les plus puissantes de toutes les armes ; aussi avait-elle hâte de revoir madame Paul, de qui sa superstition faisait un véritable ange du ciel. Elle ne savait pas que pour porter le glaive à la main et la flamme au front, les âmes angéliques doivent avoir laissé à la terre leur dépouille mortelle. Elle croyait que sa bonne fée calmerait le feu qui lui brûlait la poitrine ; puis qu'elle la prendrait dans ses bras, et la porterait jusqu'au pays inconnu où l'attendaient les baisers de sa mère. Les nuages et les flots obéiraient, les rochers s'entr'ouvriraient pour laisser passer la belle enchanteresse. Et puis Minette rêvait aussi de le retrouver, *lui* à qui elle s'était donnée, en tout ce qu'elle connaissait d'elle-même, lui aux pieds de qui elle aurait voulu verser en une fois, comme le parfum d'un vase, tout le trésor de sa délicate jeunesse.

Sœur Sainte-Thérèse craignait beaucoup pour elle l'impression que lui ferait la vue des vêtements de deuil, modestes, mais très-convenables qu'on lui avait apportés. Elle n'avait voulu les lui montrer qu'au dernier moment, mais, ce moment venu, il fallait bien que Minette les mît pour sortir. Quoi que la bonne sœur eût supposé, les paroles de l'enfant furent bien autrement navrantes.

— Oh ! la belle robe ! c'est pour moi ?
s'écria-t-elle avec admiration. La pauvre
petite ne savait pas ce que c'est que de porter le deuil ; jusqu'alors on l'avait affublée de
si misérables haillons que la vue d'une robe
de mérinos noir, d'un col et d'un bonnet en
crêpe noir, ne l'attristait pas ! Elle ne s'était
pas figuré qu'elle ne posséderait jamais, en
dehors du théâtre bien entendu, une aussi
riche toilette ! Elle embrassa mille fois sœur
Sainte-Thérèse en lui disant adieu, et celle-ci
lui donna un petit crucifix de cuivre pareil
à celui qu'elle portait elle-même à son chapelet.

— O ma chère fille, lui dit-elle en la ser-
rant dans ses bras, et en lui tendant l'image
du Christ, voilà le véritable talisman, le seul
qui guérisse toutes les angoisses !

Une dernière fois encore, Minette tendit
son front à la bonne sœur, et elle partit avec
M. Lefèvre. Une demi-heure après, elle était
de retour dans la maison où s'était écoulée

sa triste enfance. Elle eut un serrement de cœur devant la porte du logement qu'elle avait habité avec ses parents, et demanda à M. Lefèvre la permission d'y entrer pour revoir les objets au milieu desquels elle avait vécu.

— Ma pauvre enfant, lui dit l'ouvrier, j'y consentirais bien volontiers, mais aucun de ces objets-là n'existe plus, pour toi du moins. A la mort de tes parents, il a fallu vendre leurs meubles pour payer les dettes qu'ils avaient laissées.

— Ah ! dit Minette avec l'accent d'un vif regret.

— Ma foi, oui, continua Lefèvre, on a mis un écriteau, et le logement a été loué tout de suite ; tiens, à un acteur de ton théâtre, je crois, un chauve, pas jeune !

Certes, lors même qu'une fatalité invincible ne l'eût pas poussée à suivre sa destinée, Minette n'aurait pas reconnu à ce portrait,

exact pourtant, *le beau Couturier*, l'idole de
sa secrète passion.

— Ainsi, reprit-elle avec un air de doute,
c'est bien vrai... mes parents sont morts?
C'est-à-dire, n'est-ce pas, que je ne les reverrai jamais?

— Hélas! dit Lefèvre, tu n'as plus d'autre
famille que nous, ni d'autre maison que la
nôtre. Mais viens, ma femme t'attend.

Ils montèrent les quelques marches et en-
trèrent. Madame Lefèvre vint au-devant de
Minette, qui fondit en pleurs, car en voyant
sa maîtresse d'apprentissage, elle retrouva
mille souvenirs de son enfance et de sa mère.
La brodeuse fit à Minette un excellent accueil
et lui montra toute la bienveillance possible.
Son mari avait tellement insisté auprès d'elle et
auprès des ouvrières sur les recommandations
du médecin, qu'il ne fut fait de près ni de loin
aucune allusion à l'événement tragique par
lequel avait péri Adolphina. Madame Lefèvre
était d'ailleurs une très-bonne femme, n'ayant

qu'un seul défaut, celui d'aimer l'argent avec idolâtrie. Et encore cette passion était-elle excusable chez elle, car elle avait deux fils pour lesquels elle rêvait un bel avenir : aussi comprenait-on la rapacité avec laquelle elle essayait d'entasser un trésor sou à sou.

— Ma petite, dit-elle à Minette, ici tu ne rouleras pas sur l'or, mais du moins tu ne seras ni injuriée ni battue. Tu auras pour te nipper tes petits appointements du théâtre, dont tu disposeras à ta guise. En attendant, voici un peu d'argent qui te revient sur la vente. Tu es si habile ouvrière que ton travail chez nous suffira à ton entretien et à ta nourriture ; mais, dame ! il faudra piocher ferme.

Le logement, situé au quatrième étage, était trop exigu pour qu'il fût possible d'y coucher une personne de plus. Lefèvre avait donc loué au-dessus, au cinquième, une toute petite mansarde dans laquelle il avait mis un lit de fer et une petite commode antique. Madame Lefèvre prit Minette par la main, et la mena voir cette chambre qui devait être la sienne, puis elle lui donna la liberté d'aller au théâtre. C'était justement l'heure de la répétition. Minette entra au foyer, où on s'empressa autour d'elle avec tout le respect inspiré par son malheur. Son premier regard tomba sur Couturier, un nuage passa devant ses yeux, et elle s'évanouit presque. Madame Paul la prit sur ses genoux, et la réchauffa à force de baisers.

— Ah ! chère Paul, dit la jeune fille, n'est-ce pas que je reverrai ma mère ? N'est-ce pas que tu me conduiras vers elle ?

— Oui, oui, mon enfant, répondit l'actrice.

— Bientôt, n'est-ce pas, tu me le promets ?

— Oui, bientôt, je te le jure.

En prononçant ces derniers mots, madame Paul pouvait à peine cacher l'émotion qui faisait trembler sa voix. Car elle venait de regarder Minette, si pâle et de nouveau si amaigrie, et elle se disait que bientôt en effet la pauvre enfant serait près de sa mère.

Le directeur vint aussi parler affectueusement à Minette.

— Ma chère petite, lui dit-il, tu auras au moins quinze jours de liberté, et je suis heureux que tu puisses les consacrer à ta douleur. Soigne-toi et repose-toi bien pendant ce peu de temps-là ! J'aurais voulu t'en laisser davantage, mais c'est impossible. Je donne une grande pièce pour laquelle tu m'es indispensable, et où tu joueras pour la première fois le rôle de jeune fille. Je veux que tu y sois charmante, et ta bonne amie que voilà m'a promis de t'aider de ses conseils. Tout en rougissant, Minette remercia de son mieux, et madame Paul qui n'avait plus affaire au théâtre voulut la reconduire elle-même. Elles sortirent donc sans que Couturier pût adresser un mot à Minette ; mais il avait vu l'évanouissement de la jeune fille causé par sa seule présence ; il étouffait de joie et d'orgueil. Il se mit à marcher avec agitation dans le foyer, en passant fiévreusement ses mains dans ses rares cheveux.

— Tiens, lui dit un de ses camarades, qu'as-tu donc, *le beau Couturier* ? Est-ce que tu médites un crime ?

— Oh ! dit l'amoureux, en souriant avec l'adorable fatuité qui avait fait sa gloire, je médite toujours un crime !

Il faisait un beau soleil, quoique l'air fût encore froid ; on était au milieu d'avril. Madame Paul monta dans un fiacre avec Minette, et la conduisit au cimetière. Elle savait, elle, comment il fallait parler à cette enfant pour ne pas heurter les illusions qui la consolaient. Elle fit ce que le prêtre n'avait pas pu faire, elle fit comprendre à Minette, autant que cela était possible, l'idée de la mort et l'idée de l'âme. Elles étaient arrivées devant la croix de bois qui indiquait la tombe d'Adolphina.

— Ainsi, dit Minette, en répondant à madame Paul, et en montrant la terre à ses pieds avec un geste d'effroi, ma mère n'est pas là, n'est-ce pas?

— Non, dit l'actrice, mais puisque tu sais maintenant des prières, c'est ici que tu prieras pour elle. Mais, jamais seule! Nous y viendrons ensemble?

— Oui, répondit Minette.

Madame Paul bénit alors les circonstances qui avaient laissé cette jeune âme s'égarer dans un monde tout idéal, car, grâce à cette ignorance de tout, Minette qui avait si peu de temps à vivre, ne saurait jamais qu'elle était la fille d'un criminel. Elle s'agenouilla sur la terre humide, et fit une courte prière. Minette l'imita. Puis elles partirent, et, après avoir cordialement embrassé sa protégée, madame Paul la quitta seulement à la porte de madame Lefèvre.

— Cher trésor, dit-elle, puisque tu m'appelles ta bonne fée, ne m'oublie jamais quand tu auras du chagrin.

— Oh! murmura Minette, jamais! Quand

je souffrirai trop, je me mettrai à genoux, et je t'appellerai. Je suis bien sûre que tu sauras toujours venir à mon secours !

Et elle entra dans la maison, tandis que madame Paul lui envoyait pour dernière consolation son charmant sourire.

Et maintenant, avant d'écrire les dernières lignes de cette histoire, (car le dénoûment en fut trop horrible pour ne pas devoir être raconté en quelques mots), j'ai besoin de rappeler au lecteur que c'est la réalité elle-même qui nous montre certaines existences vouées tout entières à une infortune immé-ritée et implacable. N'est-ce pas là l'irréfu-table argument que Dieu nous donne pour prouver que tout ne finit pas à la tombe ! Ce qu'avait souffert jusqu'alors la jeune fille que je tâche de faire revivre n'était rien auprès de ce qui lui restait à endurer, car elle devait mourir comme elle avait vécu, martyre.

Encore toute tremblante pour ainsi dire du coup qui avait failli la briser, troublée par les

souvenirs qui abondaient dans sa tête brûlante, agitée par les mille idées confuses qui
s'y pressaient au milieu des rêves et voulaient
ouvrir leurs ailes encore captives, affaiblie par
le mal qui la tuait, exaltée par l'amour tyran-
nique qui s'était emparé de tout son être, Minette s'était remise à sa vie laborieuse, et
travaillait avec un acharnement qui aurait sa-
tisfait une maîtresse plus exigeante encore
que madame Lefèvre. Pendant tout le jour,
elle brodait avec cette activité fébrile qui en-
dort la pensée, et, ne voulant songer à rien,
elle s'absorbait dans cette tâche, qui, heureu-
sement, demandait assez d'application et
d'attention délicate pour endormir son âme.
Elle avait beau s'apercevoir que sa force la
trahissait, car, à peine levée, elle sentait ses
membres engourdis par la fatigue et luttait
contre de dévorantes envies de sommeil, elle
avait beau retirer de ses lèvres son mouchoir
taché par de légers filets de sang; elle per-
sistait, s'enivrant de la fatigue elle-même,

jusqu'à ce que les feuillages et les fleurs de sa broderie arrivassent à l'affoler et à lui faire perdre le sentiment des choses extérieures. Ravie de cette application effrénée, madame Lefèvre se montrait très-bonne envers l'orpheline, car, les intérêts d'argent sauvegardés, elle était au demeurant, comme je l'ai dit, la meilleure femme du monde. Pendant les repas, tout le monde était affectueux pour Minette, et le soir, on lui laissait la meilleure place près de la lampe. La journée finie, elle montait à sa petite mansarde, engourdie par la lassitude, s'agenouillait devant son crucifix de cuivre en récitant les prières que l'aumônier de Saint-Louis lui avait apprises, et s'endormait de ce sommeil des malades que peuplent des songes accablants. C'est alors que tous les prestiges de la féerie apparaissaient devant elle en se mêlant d'une façon douloureuse à sa propre histoire, et chaque nuit le même rêve venait la jeter dans l'épouvante. Après avoir traversé mille embûches, après

avoir échappé à la dent des lions et aux ma-
léfices des génies cachés dans les noires forêts, après avoir atteint le rivage sauveur
malgré la fureur des flots battus par la tem-
pête, après être sortie vivante des flammes
débordées, elle arrivait enfin dans une clai-
rière sauvage où la pluie tombait à torrents,
et où flamboyaient les éclairs. Là, son père
était couché comme elle l'avait vu, sans mouvement. A côté de lui Adolphina, le visage
sanglant, les cheveux épars, tournait vers Minette ses yeux éteints. Des monstres aux
gueules enflammées, aux dents menaçantes,
allaient s'élancer vers eux pour les déchirer.
En vain Couturier, couvert d'une armure
d'or, agitait son épée pour les mettre en
fuite ; en vain madame Paul, accourue dans
les airs sur une nuée étincelante, étendait sa
main protectrice ; les parents de Minette ne
pouvaient être sauvés que par elle, car elle
seule possédait le talisman qui pouvait mettre
en fuite les visions infernales.

D'UNE COMÉDIENNE.

Ce talisman, c'était l'amulette que lui avait donnée madame Paul.

Mais au moment où elle voulait y porter la main, une femme que Minette revoyait chaque nuit avec les mêmes traits, se dressait devant elle, et la glaçant de frayeur, la forçait à rester immobile. Alors elle s'éveillait, les yeux rouges, le gosier brûlant, et comme étouffée. Même après qu'elle avait ouvert sa fenêtre, il se passait cinq ou six minutes avant qu'elle pût respirer avec liberté, et alors elle toussait si longtemps que parfois elle tombait inanimée sur le bord de sa couchette. La femme que Minette voyait ainsi était belle, mais de cette beauté cruelle et funèbre que nous attribuons aux divinités farouches. Sa haute taille, sa pâleur, ses yeux et ses cheveux noirs comme la nuit, ses lèvres menaçantes, ses mains et ses bras blancs comme un linge, la faisaient ressembler à ces magiciennes qui composent leurs philtres aux mouvantes clartés de la lune.

Quand Minette n'était pas obsédée par ce rêve, alors c'en étaient d'autres encore plus sinistres, dans lesquels cette ennemie inconnue la poursuivait toujours. Tantôt elle enfonçait un couteau dans la poitrine de la jeune fille, qui sentait le froid de l'acier; tantôt elle laissait échapper de sa main un serpent qui se glissait dans le sein de Minette et lui mordait le cœur. Minette torturait sa mémoire pour se rappeler quelle était la personne dont le spectre la tourmentait ainsi, et ses efforts restaient toujours inutiles, car en effet elle n'avait jamais vu cette femme. Mais quand le drame de leur vie se presse vers son dénoûment, les âmes exaltées reçoivent presque toujours le don de voir dans un avenir prochain, soudainement éclairé par des pressentiments funestes. Voici comment ceux de Minette se réalisèrent.

Elle quittait ses hôtes et remontait chez elle vers dix heures. Un soir d'orage, que le vent soufflait avec force, elle eut tellement

peur dans sa chambre qu'elle eut envie de
redescendre chez madame Lefèvre ; mais elle
recula à l'idée de l'éveiller. N'osant pas non
plus se coucher, elle se mit à travailler à une
broderie commencée sans faire un mouvement et sans lever les yeux. Plus le temps
s'écoulait, plus son malaise augmentait, car
ses songes étaient devenus cette fois des hal-
lucinations, qui la tourmentaient même dans
la veille. Aussi s'aperçut-elle avec un véritable désespoir que sa bougie finissait, et
qu'elle allait rester plongée dans l'obscurité.
Elle résolut alors de descendre dans la rue,
quoiqu'il fût près de minuit, pour acheter elle-
même d'autres bougies, et elle y courut avec
le courage fiévreux que donne pour un instant
l'excessive frayeur. Comme elle remontait
l'escalier, en passant sur le carré du troisième
étage, une habitude invincible lui fit tourner
les yeux vers la porte du logement qu'elle
avait habité avec ses parents. Il y avait de la
lumière dans ce logement, dont la porte était

entr'ouverte, et Minette aperçut à l'entrée de
la première pièce, Couturier, qui l'appelait
par un geste silencieux. Sans plus réfléchir
que l'oiseau fasciné, elle courut vers son
amant. La lumière était déjà éteinte. La porte
se referma, Minette enlacée par les bras de
Couturier retrouva l'impression poignante
que lui avait causée au théâtre le premier
baiser qu'elle avait reçu, et dont elle avait
failli mourir.

Elle s'était donnée comme se donne une
vierge amoureuse, sans calcul, sans regret,
sans lutte possible. Pendant les premiers jours
de cette liaison, il lui semblait qu'elle venait
de naître, tant elle était heureuse ! Quelques
instants avant l'heure où Couturier rentrait du
théâtre, elle descendait chez lui en retenant
son souffle. Les minutes lui semblaient des
siècles ; elle se jetait au cou de son amant
comme s'il lui eût apporté la vie, et il lui jouait
si bien la comédie de la passion qu'elle se
croyait adorée. Mais, qui ne le devine ? bien-

tôt Minette subit le sort des pauvres créatures
liées à des hommes sans cœur; elle ne fut
plus qu'une victime et un jouet dédaigné.
Elle retrouva avec horreur l'image de son
père dans le misérable toujours ivre et fu-
rieux qu'elle ne pouvait s'empêcher d'aimer.
Presque toujours, elle remontait chez elle le
matin glacée et mourante, les yeux perdus,
après avoir attendu inutilement toute la nuit
Couturier, qui n'était pas rentré. Il ne la
voyait plus que pendant quelques instants, à
de rares intervalles, pour la brutaliser et lui
voler le peu d'argent qu'elle possédait. Il lui
avoua même cyniquement qu'il avait un autre
amour, et poussa la cruauté jusqu'à se faire
parer par Minette elle-même, quand il allait
voir la femme pour qui il l'avait abandonnée.
Madame Lefèvre ne tarda pas à s'apercevoir
de l'intelligence de sa pupille avec Couturier; mais poussée par son avarice, qui l'engageait à ne pas perdre sa meilleure ouvrière,
elle ne dit rien. Seulement, elle manifesta

dès lors à Minette autant de haine qu'elle lui avait jusque-là montré d'amitié, et l'accabla de travail, sans vouloir remarquer l'épuisement de ses forces. Arrivée à la suprême sérénité du désespoir, Minette qui crachait le sang, et sentait son courage s'évanouir tout à fait, s'élançait en idée vers la région où elle devait retrouver sa mère, et ne vivait plus que par ces aspirations ardentes.

C'est alors qu'elle reçut, avec un petit mot aimable du directeur de la Gaîté, un bulletin de répétition pour la pièce nouvelle. L'ouvrage était prêt, car il avait été monté et mis en scène pendant que Minette était à l'hôpital. On devait reprendre les répétitions pendant une huitaine de jours seulement, tant pour elle que pour une actrice nouvellement engagée, nommée Bambinelli. Cette Italienne arrivait de Marseille, précédée d'une grande réputation à plus d'un titre, car elle s'était enfuie de Milan quelques années plus tôt, sous l'accusation d'avoir empoisonné un officier autrichien. Lorsqu'en la voyant, Minette reconnut la menaçante beauté qui avait si cruellement désolé ses rêves, elle comprit qu'il allait se passer dans sa vie quelque chose de terrible, car la Bambinelli était la nouvelle maîtresse de Couturier. Aux regards pleins de haine que cette femme lui jeta d'abord, la jeune fille se sentit perdue. Elle jouait le rôle de l'héroïne dont la destinée se débattait entre la bonne et la mauvaise fée, madame Paul et la Bambinelli ! Celle-ci qui savait avoir eu Minette pour rivale, car Couturier avait habilement fait valoir son prétendu sacrifice, la traitait avec le dédain le plus insultant, et semblait lui adresser réellement les menaces et les injures que contenait son rôle. Parfois ses regards et ses gestes causaient à Minette un tel malaise, qu'elle fondait en larmes, et se jetait dans les bras de son amie, qui seule avait le don de la consoler.

Il y avait dans la nouvelle féerie un *vol* assez dangereux ; on imposait alors aux ac trices des petits théâtres ces exercices périlleux, que les danseuses et les mimes exécutent seuls aujourd'hui. Cette fois encore, Minette devait traverser le théâtre à une très-grande hauteur, suspendue par des fils de fer. Chaque fois que cela fut essayé, elle ressentit malgré elle un effroi inconnu, car il lui semblait que les yeux de son ennemie l'attiraient en bas, et devaient la précipiter. Mais la présence de madame Paul la rassurait. Pourtant, le jour de la représentation arrivé, (après une belle journée de mai), le cœur lui manqua à ce moment. Elle ne put trouver madame Paul, qui était malheureusement occupée à un changement de costume, et se vit dédaigneusement toisée par Couturier qui passait dans les coulisses. Elle alla à lui.

— Je t'en supplie, embrasse-moi, lui dit-elle en lui prenant la main dans ses petites mains, et avec une expression qui eût fait pleurer les anges.

Comme le machiniste Simon venait accro-

cher les fils de fer à la ceinture de cuir ca-
chée sous sa robe, Minette crut voir un regard
affreux échangé entre lui et la Bambinelli.
Involontairement, elle ferma les yeux en entendant la réplique qui précédait son appari-
tion aérienne. Il se fit un bruit épouvantable,
et il sembla à tous les spectateurs que pendant une seconde il avait fait nuit dans la
salle. Les anciens habitués du boulevard se
rappellent encore ce sinistre événement, arrivé en 1829, et l'horreur qu'il excita. Les
fils de fer s'étaient rompus ; Minette était brisée, morte sur les planches. Le sort de cette
Psyché inconnue ne fut-il pas celui de la
Poésie ignorante d'elle-même, toujours assassinée par les violences brutales de la vie ?

FIN DE LA VIE D'UNE COMÉDIENNE.

LE FESTIN DES TITANS

LE FESTIN DES TITANS

SCÈNE DE LA VIE TRANSCENDANTE

Ce jour-là, lord Angel Sidney avait le spleen un peu plus que de coutume lorsqu'il passa de sa chambre à coucher dans son boudoir.

C'était pitié de voir ce jeune homme beau comme un demi-dieu et triste comme un chérubin vaincu. L'implacable satiété éteignait les flammes de ses yeux et les roses de ses lèvres, et à travers les manchettes de mousseline, ses mains plus pâles que le marbre se penchaient comme des lys brisés. —

O ciel ! murmura-t-il avec un soupir, c'en est donc fait, je m'ennuie à jamais! j'ai là, de l'autre côté de la mer, de vertes prairies plus immenses que des océans et assez de châteaux pour donner pendant cent ans l'hospitalité à tous les rois de l'univers. De tous les coins du monde, cent navires m'apportent le duvet de l'eider, l'ivoire de l'Inde et la pourpre de cachemyre, et mes flottes couvrent toutes les vagues de la mer. Mais le coin de prairie où sourit l'amour, le flot qui apporte le bonheur et l'oubli, je ne le connais pas!

Dites-moi, pâles Euménides, sombres compagnes de Macbeth et d'Oreste, que me reste-t-il à faire pour passer le temps? Il me semble pourtant que je n'ai rien oublié. J'ai fait courir sur tous les turfs de France et d'Angleterre mille chevaux nés sans doute d'une flamme et d'une brise, car ils dévoraient l'espace comme des aigles. J'ai été l'amant des six reines occultes de Paris, depuis celle qui porte un nom de bête fauve, jusqu'à celle qui s'appelle comme la dame de cœur, depuis celle qui a un *lavabo* en argent massif, sculpté et doré, jusqu'à celle qui joue le vaudeville avec cent mille francs de diamants sur la tête, et je m'ennuie!...

Il faut cependant prendre un parti. Vais-je sonner mon valet ou ma maîtresse athénienne? mon valet plutôt.

A peine la sonnette, éveillée en sursaut, avait chanté sa note d'argent; M. Tobie entra.

— Monsieur Tobie, dit Angel, vous qui avez des cheveux blancs, ne savez-vous rien pour chasser l'ennui qui m'obsède?

— Milord, répondit avec respect le vieux serviteur, il n'y a que Dieu et les poëtes.

— Monsieur Tobie, votre phrase est prétentieuse, faites-moi le plaisir d'ouvrir cette fenêtre et de me nommer les gens qui passent. Peut-être verrai-je le passant de Fantasio, celui qui a un si bel habit bleu! Et d'abord, dites-moi quel est ce petit vieillard en carrick noisette, qui porte à la main un parapluie rouge?

— Mylord, ce monsieur est un membre de

l'Académie française, célèbre autrefois par quelques tragédies.

— Et celui qui porte un parapluie vert ?

— C'est un membre de l'Académie des sciences morales et politiques.

— Et celui dont le parapluie est marron ?

— C'est un membre de la commission des auteurs dramatiques.

— Et ces deux gros messieurs bien vêtus qui passent en calèche avec des dames ?

— L'un est le tailleur de milord avec une actrice des Délassemens, et l'autre le bottier de milord avec une actrice des Folies Nouvelles.

Lord Angel ferma sa fenêtre avec colère :

— Eh ! quoi, s'écria-t-il, est-ce donc à ce point là qu'il n'y a rien de nouveau sous le soleil, et quand on ouvre la fenêtre par un jour de pluie est-il donc absolument impossible de voir passer autre chose que des dramatistes, des bottiers et des membres de l'Institut! Monsieur Tobie, d'ici à huit jours, je veux donner un grand festin, un festin magnifique comme quand Lucullus dîna chez Lucullus! Il me faut, dussiez-vous égorger madame Chevet, des fruits de l'Inde et de la Guadeloupe. Il me faut un surtout d'or ciselé par Barye, et des bougies à travers lesquelles on puisse regarder à la loupe une miniature d'Isabey. Vous vous arrangerez pour qu'il y ait sur les miroirs et sur les vitres des fleurs peintes par Diaz. Et pour ce jour-là, entendez-vous, monsieur Tobie, vous me trouverez, fût-ce en Chine, des convives qui ne soient ni tailleurs, ni auteurs comiques, ni membres de l'Académie française !

Je veux six gaillards au moins ! cherchez-les où vous voudrez, exerçant des professions dont je n'aie jamais entendu parler sous aucun prétexte. Si je connais un seul des états que font ces gens-là, ne comptez plus sur mon amitié.

M. Tobie ne répliqua pas. Il savait que les ordres de son maître étaient absolus comme ceux du Destin. Il se contenta d'aller relire l'*Iliade* et le *Mariage de Figaro* pour se donner de l'imagination; car il sentait bien que, cette fois, il fallait vaincre ou mourir.

Mais, M. Tobie ne mourut pas. On ne meurt jamais quand on remue à pleines mains l'or, qui contient l'essence de la vie.

A quinze jours de là, une des salles à manger de lord Angel Sidney étincelait de lumière, de fleurs, de cristaux, d'orfévreries et de tout ce qui donne aux richesses du luxe leurs éblouissantes clartés.

Cette salle à manger, tout entière en vieux chêne, les étoffes en cachemire vert, représentait avec d'ingénieux arrangements de bas-reliefs, de cariatides et de figures en ronde bosse, la guerre des Titans. Les deux immenses cheminées, bien reliées à l'ornementation générale, figuraient les gouffres implacables de l'Etna et luttaient de flammes ardentes et flamboyantes.

Un magnifique groupe de géants vaincus et terrassés soutenait le plateau de la table à manger ; de telle façon qu'il y avait pour cent mille francs de sculpture à l'endroit où les Anglais passent habituellement l'après-dînée. Les siéges et les consoles étaient à l'avenant, et dans chaque embrasure de croisée, il y avait, enfermé dans d'épais rideaux, le mobilier doré d'un petit salon de conversation.

Du reste, rien ne manquait à la fête, et M. Tobie avait suivi le programme en décorateur consciencieux. Sur les vitres, des potées de fleurs tombées de la palette de Diaz, éteignaient les vraies fleurs des jardinières et faisaient paraître gris les coquelicots réels. Le portrait en pied et en miniature d'une mouche, avait été payé dix mille francs à madame de Mirbel, et collé la face contre une bougie. Vue au travers de la bougie, cette mouche semblait si bien vivante que plusieurs fois les convives voulurent la chasser pendant le mémorable repas que je vais raconter. Isabey ne faisant plus de miniature, M. Tobie avait dû se contenter de cet à peu près.

Mais je ne m'arrêterai pas à raconter les magnificences du festin, des bagatelles qu'on a déjà redites mille fois à propos de Trimalcion et des empereurs romains. Il s'agit des convives que Callot seul eût décrits, et encore pas avec une plume ! Ils étaient sept,

cinq hommes et deux femmes, attendant
dans un petit salon tendu de soie et éclairé
par des lampes! Lord Angel ayant dit : six
au moins, M. Tobie en avait mis sept, car il
avait dans l'esprit cette admirable logique de
Cadet-Roussel, raillé à tort par le chanson-
nier. Et encore, je ne compte pas un enfant
de dix-huit ans, beau comme l'amour, qui
semblait fourvoyé dans cette société étrange,
car Dieu sait comment ces messieurs por-
taient l'habillement noir complet que M. Tobie leur avait fait faire chez Dusautoy ! Quant
aux deux femmes, elles étaient mises comme
la mode elle-même, les jours où la mode a
du goût. Cette antithèse vient simplement de
ce qu'un homme de génie se met toujours
mal, et une femme de génie toujours bien.
Or, comme on va le voir, tous les hôtes de
lord Angel avaient du génie à revendre, et
ils en revendaient.

Lord Angel Sidney, en grande toilette, avec
les plaques de tous ses ordres, entra dans le
petit salon, précédé de M. Tobie qui lui pré-
senta les convives en les prenant l'un après

l'autre par la main. Après avoir baisé la main
aux dames et salué les messieurs comme des
pairs d'Angleterre, lord Angel invita tout le
monde à passer dans la salle à manger, où
les cinq hommes, pareils à des tigres déchaî-
nés, dévorèrent en une heure le dîner de
vingt ministres. C'était un spectacle inouï de
voir étinceler ces mâchoires qui semblaient
décidées à engloutir l'univers et qui s'agi-
taient comme si jamais auparavant elles
n'eussent rien broyé entre leurs dents terribles.

Quant aux deux dames, elles mangèrent
raisonnablement, en femmes qui, à la vérité,
n'ont pas lu Byron, mais qui, toutefois, ont
fondu deci et delà dans leurs verres quelques
perles de Cléopâtre. Le jeune homme de dix-
huit ans ne mangea, lui, qu'un ortolan et une
demi-orange de la Chine, et certes, s'il cherchait un moyen de se faire remarquer, il
tomba on ne peut mieux, car le moins affamé
des autres convives semblait affecter de prendre les faisans dorés pour des mauviettes et
les avalait par douzaines. Un autre qui ve-

nait de faire disparaître en se jouant deux pâtés de foie gras, tirait un valet par sa boutonnière en lui disant : « Monsieur, ayez donc l'obligeance de me rapporter quelques-uns de ces petits fours ! » Et son voisin, tout en achevant sans emphase un demi chevreuil, murmurait avec bonhomie : « Je reprendrai volontiers un peu de ce lapin ! » Enfin, c'était horrible à voir. Et quant aux vins qui furent bus avant que la conversation s'engageât, je mettrais les sables de la Nubie au défi d'en boire autant sans se changer en lacs !

Lord Angel semblait trouver tout cela fort naturel, et faisait les honneurs de sa table avec une grâce parfaite. Quand le carnage commença à se ralentir un peu, non pas faute de combattants ou faute d'appétit, mais parce que quelques-uns des combattants s'étaient décroché la mâchoire, l'amphitryon s'adressa à ses hôtes avec un sourire d'une aménité exquise :

— Mesdames et messieurs, leur dit-il, vous le savez comme moi, ce qui a tué les beaux arts et l'élégance dans notre société moderne, c'est le commun et le *poncif* qui, de jour en jour, nous envahissent davantage. De plus, tous les jeunes gens se jettent dans les mêmes professions, avocat, médecin ou économiste, avec une carrière politique au bout, et tout est dit ! De là, ces générations entières taillées sur le même patron et qui semblent porter un uniforme. Riche comme je le suis, j'ai pensé qu'il me serait peut-être possible de rendre à mon époque un peu d'originalité en encourageant les *professions excentriques,* et naturellement, messieurs, j'ai cru pouvoir jeter les yeux sur vous, car je crois que personne ici n'est avocat ni médecin ?

— Personne, s'écrièrent en chœur les convives.

— Messieurs, reprit vivement lord Sidney, vous êtes artistes en fait d'existence, comme d'autres sont artistes en mélodie, en statuaire ou en ciselure, vous ne devez pas refuser plus qu'eux les encouragements de la richesse ; car, vous le savez, en se donnant humblement aux artistes, la richesse reste l'obligée et la servante des arts, et ne fait

qu'accomplir un devoir de reconnaissance !
J'espère donc que vous ne refuserez pas un
prix de dix mille francs.

— Nous ne le refuserons pas, dirent avec
un enthousiasme unanime les messieurs en
habit noir.

Lord Sidney reprit :

— Un prix de dix mille francs... de rente,
que je désire offrir à celui d'entre vous qui
exerce la profession la plus excentrique !
Pour ce faire, vous auriez l'extrême obligeance de raconter chacun en peu de mots,
quelle est votre vie.

— Parfait, s'écria un personnage énorme,
écarlate et souriant, un Roger-Bontemps taillé
sur le modèle de sir Falstaff. De cette façon-
là chacun dira la sienne !

— Précisément, dit lord Angel, et continua-
t-il avec un salut charmant, comme je ne veux
rien vous demander que je ne sois moi-même
disposé à faire pour vous, je vous raconterai,
si cela peut être agréable à ces dames, mon
histoire, et l'histoire de mes moyens d'existence.

— Milord, interrompit un personnage auquel, par une bizarre erreur, la nature s'était plu à donner le nez historique des Bourbons, vous nous faites honneur !

— Je vous en prie, dit une des dames en se tournant gracieusement vers lord Sidney.

— Mon Dieu, fit-il en souriant tristement, mon histoire est bien simple, je suis né de parents riches.

— Vous êtes bien heureux ! fit un des convives, jeune homme au teint hâlé, mais dont les formes élégantes et sveltes faisaient songer aux Silvandres de Watteau.

— Comment l'entendez-vous, demanda d'une voix forte un athlète couvert de balafres comme un vieux reître du temps de la Ligue.

— Hélas ! messieurs, reprit lord Sidney, il n'y a aucune manière de l'entendre, car c'est cette circonstance qui a fait le malheur de toute ma vie ! Forçat de la richesse, j'ai dépensé sans relâche ma vie, plus de ruse, d'énergie, de patience, d'imagination, d'intrigue, de volonté et d'esprit pour devenir pauvre que les célèbres bohêmes d'Henry Murger n'en mirent jamais à gagner, entre cinq et six heures du soir, ce qu'ils appellent la grande bataille. Et encore, ces hommes prodigieux parvenaient quelquefois à dîner, tandis que moi je n'ai jamais pu arriver un seul jour à la médiocrité dorée dont parle Horace. J'ai toujours été ridiculement riche.

— Bah! demanda Roger Bontemps en éclatant de rire, est-ce que vraiment vous trouvez cela ridicule?

— Très-ridicule. Il m'a toujours semblé absurde qu'un homme possédât dix mille fois plus qu'il ne peut dépenser, même en faisant à chaque seconde de sa vie des folies à faire frissonner d'étonnement l'ombre d'Héliogabale. Aussi, du jour où je me connais, ç'a été un duel à mort entre moi et la fortune, et c'est elle qui m'a tué, car sachez-le, je voulais être artiste! Oh! la fortune, elle m'a pris à bras le corps, elle m'a desséché les lèvres sous ses froids baisers, elle m'a fait des yeux couleur d'or, et un horizon d'or qui m'empêche de voir le soleil. Pour moi, grand

Dieu! tous les fleuves sont le Pactole ; ils roulent des paillettes d'or dans leurs vagues étincelantes. Pour moi, la musique c'est le chant de l'or, la lumière, c'est le reflet de l'or ! L'or me poursuit comme un ennemi implacable ; j'ai comme le Juif-Errant mes cinq sous ; seulement mes cinq sous, c'est cinquante millions. Je jette la richesse dans la rivière, et en me retournant je la trouve couchée dans mon lit, je la fuis au bout du monde, elle est là qui ricane dans mon portefeuille. Qui diable a donc osé dire qu'il y a des moyens de se ruiner ?

—Ah! dit la plus âgée des deux femmes, milord n'a sans doute pas essayé des femmes?

— Ou, continua l'autre, milord n'aura pas rencontré de ces vraies grandes femmes, comprenant l'héroïsme de la vie moderne, auprès desquelles Sémiramis et Cléopâtre sont de petites pensionnaires à ceintures bleues, bonnes tout au plus à faire l'amour sentimental avec Werther, en mangeant des tartines de confitures. Moi, je connais une femme qui, à

quatorze ans, a pris dans le monde, dans le
grand monde, un homme de génie, riche, au-
dacieux et bon, et qui en six mois l'a envoyé
au bagne.

Ces paroles mutines furent prononcées
d'une façon si magistrale et si farouche, que
lord Sidney ne put s'empêcher de regarder
avec une vive curiosité la belle enfant qui les
avait dites.

C'était une jeune fille de seize ans, rousse
comme un coucher de soleil, avec la peau
très-blanche, les sourcils presque bruns et les
yeux d'un bleu sombre et étoilé comme les
cieux des belles nuits d'été. La bouche fine,
ardente, pareille à une rose rouge trempée
de pluie, laissait voir en s'ouvrant une de ces
belles mâchoires de bête fauve que la nature
donne aux femmes nées pour déchirer et dé-
vorer les forces vives de la cité, l'or, l'amour
et la vie. Tout cet ensemble imprégné pour
ainsi dire d'une volupté amère, le corps agile,
les mains et les pieds d'un grand style plé-
béien, inspirait un effroi plein de charmes et
de convoitise. Aussi, mademoiselle Régine

ne déparait-elle rien dans la salle des Titans scupltés, et vue d'une certaine façon, elle avait assez l'air d'une femme pour laquelle on met Pélion sur Ossa.

L'autre femme ressemblait à toutes les actrices qui ont joué en province les rôles de mademoiselle Georges.

— Mesdames, leur dit Sidney, sachez d'abord que le destin a été pour moi un second M. Scribe ; il a abusé pour moi des oncles. Le frère de mon père et les deux frères de ma mère, riches tous trois et chefs de nombreuses familles, sont morts tous trois dans l'Inde, après avoir vu tomber un à un tous leurs fils victimes du choléra, des inflammations et des bêtes féroces, Indiens et serpents, comme si, dès ma plus tendre jeunesse, une monstrueuse fatalité se fût donné la tâche de tout renverser sur mon passage pour me jeter des trésors inutiles.

Ces fortunes, que la faiblesse de mon père m'avait abandonnées dès l'enfance, je les avais dévorées à vingt ans avec tous les débauchés de Londres, sans qu'il m'en fût resté

autre chose, à ma connaissance, qu'un petit
mouchoir de cou en cotonnade bleue et un
portrait de femme peint par Eugène Delacroix.

Trois mois après, la mort de mon père me
rendait maître d'un patrimoine inépuisable.
Je l'épuisai pourtant, ou peu s'en fallut. Mes
châteaux de comtés, grands comme des villes,
mes maisons, mes palais, mes jardins, mes
serres où de folles courtisanes se promenaient
dans les moindres allées en calèches à six
chevaux, je donnai tout au vice, au luxe, à la
luxure, au jeu, que je défiais avec la fureur
d'un combattant vainqueur sans cesse !

Quand il ne me resta plus qu'un million,
je le jetai à l'industrie tant qu'elle voulut et
comme elle voulut. Canaux, chemins de fer,
constructions de squares et de fabriques, je
m'intéressai à tout, et je me mis à vivre dans
une chambre comme un étudiant, après avoir
confié mon million à l'industrie dans l'espoir
qu'elle ne me rendrait rien. Elle me rendit
cinquante millions !

Je ne me décourageai pourtant pas. L'industrie m'avait trompé, c'est alors que j'essayai des femmes, continua lord Sidney en se tournant vers Régine. Pour aller droit au but, je m'adressai tout de suite à la femme qui dans toute l'Europe coûtait le plus cher, et je la couvris littéralement de diamants.

Devenue par l'étrange folie d'un vieillard, femme d'un duc et pair d'Angleterre, cette femme célèbre suivit son mari à Constantinople : deux jours après son départ, je reçus mes diamants changés en un bouquet colossal par un artiste plus grand que le Florentin Cellini. Les diamants sont d'un grand prix ; mais aucun roi de l'Europe ne pourrait en payer la monture.

— Ah ! milord, dit Régine, vous êtes le premier homme qui m'inspiriez de la curiosité.

Lord Sidney salua modestement.

— Je ne vous rappellerai pas, reprit-il, l'épisode trop connu de mes amours avec la fille naturelle d'un roi que j'ai aimée jusqu'au désespoir, et qui est morte à vingt-deux ans d'un anévrisme, en me faisant l'héritier de tous sesbiens.Je me bornerai à vous dire, pour terminer ce trop long récit, qu'une dernière fois, en désespoir de cause, j'éparpillai mon absurde opulence sur les navires de tous les armateurs Anglais, avec mission de la risquer dans les entreprises les plus téméraires et sur les mers les plus périlleuses.

Mais la mer ne voulut pas de mes chaînes ; elle me les rendit plus lourdes que jamais. A présent mon parti est pris : je suis résigné à l'impuissance et à l'ennui.

A la fin de cette histoire, que les convives n'avaient pas osé interrompre autrement que pour boire comme des cordeliers, un éclat de rire homérique ébranla la salle des Titans.

Roger-Bontemps tapait son couteau sur son assiette en ouvrant jusqu'aux oreilles une bouche démesurée, Silvandre gambadait, et le balafré brisait son fauteuil.

Le personnage au nez bourbonien échangeait des bourrades avec son voisin, sorte de rapin ayant un faux air de Rubens. Tous deux se donnaient des coups de poing et se tiraient les cheveux.

Mademoiselle Régine extasiée, rêvait au bouquet de pierreries, et le jeune homme de dix-huit ans rêvait en regardant mademoiselle Régine avec des cœurs enflammés dans les yeux.

— Maintenant, dit lord Sidney, je vous écoute, messieurs.

Tobie apporta sur le surtout deux plats d'or, contenant l'un une inscription de dix mille francs de rente, l'autre deux cents billets de mille francs.

— De cette façon, milord, dit le vieux serviteur, le lauréat pourra choisir.

— Allons, s'écria Roger-Bontemps en couvant de l'œil les plats merveilleux, chaud ! chaud ! chacun la sienne !

— Et, reprit M. Tobie, j'ose faire espérer à votre grâce que cela ira de plus fort en plus fort, comme chez Nicolet !

Le vin dans les verres, les flammes des bougies, la lumière sur les angles du chêne scuplté étincelèrent.

Roger-Bontemps commença en ces termes :

— Vous voyez en moi L'EMPLOYÉ AUX YEUX
DE BOUILLON !

A ces mots prodigieux, les convives bon-
dirent tous à la fois sur leurs chaises, et les
apostrophes les plus hétéroclites se croisè-
rent lancées à la fois de tous les coins de la
table.

— Mesdames et messieurs, dit Roger-Bontemps, je demande à n'être pas interrompu.
Ceci n'est pas une conversation, mais un con-
cours !

— C'est juste, s'écria le faux Rubens, n'oublions pas qu'ici il ne s'agit pas de cinquante
centimes.

— Accordé, dit lord Sidney, chacun par-
lera sans interruption, et souvenez-vous que
pour une heure nous nous sommes constitués
en ministère des beaux-arts... inconnus !

Roger-Bontemps reprit : — Enfant, je n'ai
jamais mangé. Manger, voilà la grande affaire. Il y a deux races d'hommes ; celle qui
mange et celle qui ne mange pas. Les pauvres haïssent les riches parce que les riches
mangent ; les riches exècrent les pauvres

parce que les pauvres voudraient manger. Je vis que tout était là, et que le sort de l'humanité s'agite autour des endroits où l'on fait la cuisine.

Dès lors, je me tins habituellement aux barrières, passant ma vie autour des cabarets et cherchant à me faufiler par quelque joint dans les choses culinaires. A force d'audace, j'usurpai quelques petites fonctions. Tour à tour chien du tournebroche, écorcheur de lapins et laveur de vaisselle, j'exerçais cette dernière profession au cabaret de la *Jambe-de-bois*, et j'allais peut-être m'enfouir pour toute ma vie dans ces emplois subalternes, lorsque éclata entre la *Jambe-de-bois* et le *Grand-Vainqueur* la rivalité à laquelle je dois ma fortune.

Le *Grand-Vainqueur* et la *Jambe-de-bois* donnaient tous deux du bouillon à un sou la tasse, mais la *Jambe-de-bois* avait pour elle la pratique des Auvergnats, et elle regardait en pitié le *Grand-Vainqueur* réduit à attendre et à solliciter les consommateurs de hasard.

Un matin pourtant, tous les Auvergnats de

la *Jambe-de-bois* émigrèrent pour le *Grand-Vainqueur*. Quand mon maître leur en demanda en pleurant la raison, ils lui répondirent que son bouillon n'avait pas d'yeux, tandis que celui du *Grand-Vainqueur* en était inondé comme une queue de paon.

Messieurs, j'eus le courage de passer une nuit entière, caché dans une armoire de cuisine, au *Grand-Vainqueur*. Le lendemain, à l'heure où l'aurore profite de ce qu'elle a des doigts de rose pour ouvrir les portes de l'Orient, je surpris le secret de notre rival.

Le misérable fourrait ses doigts dans un vase plein d'huile de poisson et les secouait ensuite sur les bols de bouillon alignés autour de la table. C'est ainsi qu'il y faisait des yeux !

Les yeux étaient nombreux, je ne dis pas, mais quels yeux ! comme c'était fait ! Pas de goût, pas de grâce ! ni vraisemblance, ni idéal ! Dans le chemin du *Grand-Vainqueur* à la *Jambe-de-bois*, mille idées jetèrent tour à tour leurs ombres sur mon front, mais enfin une création lumineuse éclaira tout

à coup mon cerveau de ses flammes étincelantes.

La seringue était trouvée.

Tous les matins, armé de cette bienheu-
reuse seringue, je vise les bouillons, et j'y
exécute, la main levée, une mosaïque d'yeux
à faire pâlir la nature.

Depuis, mon procédé a été surpris et imité;
mais jamais on n'a pu atteindre ma facture.
Je défie tout le monde pour la main et le
métier. Mon patron m'a engagé pour six ans,
à dix francs par mois, avec cinq sous de feux
et deux bénéfices. Les jours de bénéfice, le
prix de soixante bouillons est pour moi, car il
est inutile de vous dire que dès le lendemain
de mon invention, nous avions reconquis les
Auvergnats.

Ainsi maître d'une position faite, je brave
désormais les destinées, car je suis d'un tempérament sage, je mets de l'argent de côté,
et je ne commettrai pas la même faute que
mademoiselle Mars et la célèbre Georges;
je veux me retirer dans tout l'éclat de ma
gloire !

L'employé aux yeux de bouillon se tut, au milieu de l'étonnement général. Tout le monde se récria sur la singularité de cette profession, et les esprits inclinaient visiblement du côté de Roger-Bontems, quand le faux Rubens prit la parole après avoir passé ses doigts dans ses cheveux et cassé une assiette pour s'emparer de l'attention générale.

— Messieurs, s'écria-t-il, vous voyez en moi le VERNISSEUR DES PATTES DE DINDON.

Inutile de décrire ici la vive émotion des auditeurs. Le faux Rubens la domina pourtant en secouant encore une fois sa chevelure qui faisait la nuit dans la salle, et dit avec feu :

— Je ne nie pas l'originalité des yeux de bouillon factices ! Mais que faut-il pour arriver à ce trompe-l'œil ? Un léger sentiment de la ligne et quelque dextérité dans le poignet.

Moi, messieurs, je suis un coloriste !

Quand une volaille n'a pas été vendue en son temps, qu'arrive-t-il ? Les pattes, d'abord si noires et si lustrées, s'affaissent et pâlissent ! Le ton en devient terne et triste, signe révélateur qui éloigne à jamais l'acheteur, initié aux mystères de la couleur par les admirables créations de Delacroix : attiré souvent dans le marché aux volailles par cet amour de l'inconnu qui caractérise les artistes, je m'aperçus de cette mélancolie des pattes de dindon, et j'entrevis un nouvel art à créer à côté des anciens.

C'est à moi qu'on doit les vernis à l'aide desquels les marchands dissimulent aujourd'hui la vieillesse des rôtis futurs ! vernis noirs, vernis bruns, vernis gris, roses, écarlates et orangés une palette plus variée que celle de Véronèse. Mais posséder les vernis, ce n'est rien ! Tout le monde les a aujourd'hui ; le sublime du métier, c'est de savoir saisir les nuances intimes de chaque espèce de pattes, et de les habiller chacune selon son tempérament !

Dans cette science difficile, qui égale, si elle ne le dépasse, l'âpre génie du portraitiste, je suis, sans modestie, le premier et le seul, et je me flatte qu'après moi, il n'y aura pas de vernisseur de pattes de dindon, pas plus qu'il n'y a eu de poëte tragique après Eschyle.

— Eh quoi, dit lord Sidney, il y a vraiment dans le monde tant de choses que nous ne savons pas !

— C'est à ce point, observa mademoiselle Régine, que j'en suis étonnée moi-même. Mais j'aperçois M. Silvandre qui réclame son tour.

Oh ! moi, dit Silvandre avec la voix mélancolique d'un hautbois sous les feuillages, je suis parvenu à force d'intrigues, à créer dans ma mansarde, rue Pascal, n° 22, au-dessus de l'entresol, la porte à gauche, une prairie artificielle ! Là, je possède un petit troupeau, que je garde en jouant de la musette, et je vis du produit de son lait.

Je suis BERGER EN CHAMBRE.

— Diable ! dit lord Sidney, berger en chambre, celle-là demande à être expliquée !

— Elle ne s'explique pas, murmura Silvandre en regardant les plafonds d'un air rêveur.

— Alors, puisqu'elle ne s'explique pas, dit d'un ton de courtisan le personnage au nez bourbonien, permettez-moi de prendre la parole, car, après les états merveilleux de ces messieurs, je crains pour l'effet du mien, qui est bien modeste. Il a simplement pour but de protéger la famille contre le socialisme.

Dans ces temps où les bases de la morale publique sont sapées à toute minute, qui pourrait le nier, hélas! il se rencontre des bâtards pleins d'énergie et d'imagination, et capables d'arriver aux affaires publiques. La société est donc exposée à se voir gouvernée par des hommes qui s'appellent pour tout nom Arthur ou Anatole !

J'ai voulu la sauver de cette difficulté si délicate.

Possesseur d'un grand nom et pauvre comme Job, mais devant hériter d'un bien considérable dans trente ou quarante ans, c'est-à-dire quand je serai mort, j'ai conçu l'idée colossale de rendre un père à tous les infortunés auxquels la Providence a refusé cette seconde Providence.

Je suis RECONNAISSEUR D'ENFANTS !

Je reconnais tous ceux qui le veulent, pourvu, bien entendu, continua avec une adorable impertinence, le vieux noble, pourvu qu'ils puissent faire honneur à leur père. C'est cinq cents francs, prix net... et six cents francs pour les nègres.

— Bah! s'écria Roger-Bontems, vous avez reconnu un nègre ?

— Plusieurs nègres et trois Indiens anthropophages. Pour les nains, c'est cinquante francs en plus, et je traite de gré à gré pour les infirmités physiques. La semaine dernière, j'ai eu un bon bossu. Un bossu de quinze cents francs ; il est vrai qu'il portait des lunettes vertes.

Il est juste de dire que tout en admirant comme elle le mérite cette profession sauvage, les convives de lord Sidney furent révoltés par le cynisme du personnage au nez aquilin.

— Moi, lui dit avec de grands airs la femme qui ressemblait à toutes celles qui ont joué en province les rôles de mademoiselle Georges, je vis comme vous de ma noblesse. Je suis duchesse d'O***, et ma mère vendait des pommes de terre cuites à l'eau sur le pont Saint-Michel.

Héritière de cette profession philanthropique, j'enviais pour ma vieillesse un fonds de fruitière, lorsque j'eus l'idée de former une société en participation avec une de mes amies marchande au Temple, et dont le fonds se compose d'un lorgnon en chrysocale et d'une robe de velours.

Quand un jeune homme sans protection a besoin d'être recommandé à un ministre, il vient me trouver. Grâce à mon nom historique, j'entre tout droit chez le ministre ; mon amie me prête la robe de velours et nous partageons ! c'est vingt francs pour une recommandation ordinaire, et le double pour aller où il faut *insister*.

— Cet état-là est bien gentil, dit Silvandre. Malheureusement, il n'a pas de nom.

— Le mien non plus, parbleu, fit mademoiselle Régine. Tous les états de femme sont des états sans nom.

Je suis la maîtresse d'un fou idiot, et je

suis payée pour cela par la famille de mon amant.

Ce malheureux qui compose des romans et des fables à faire geler la chute du Niagara, n'est par bonheur ni assez fou ni assez idiot pour que sa famille puisse le faire enfermer; mais elle garde ses deux cent mille livres de rente, et elle me donne mille francs par mois pour me charger de ce cadavre humain.

Mademoiselle Régine se tut. C'était simple, mais horrible!

Tout le monde frémit.

La jeune fille reprit après un silence :

— Quand Obermann sera mort (il s'appelle Obermann)! ses parents diront simplement : Le malheureux mangeait son bien avec des filles d'Opéra!

C'est moi qui joue les filles d'Opéra.

A ce monstrueux récit, lord Sidney se sentait frémir d'une secrète horreur, et le jeune homme de dix-huit ans ouvrait des yeux grands comme le monde. Il fallut cependant écouter encore l'homme à la balafre; mais l'effet était produit et c'était, comme on dit, la petite pièce.

— Moi, dit cet athlète d'une voix formidable, je suis employé au théâtre Saint-Marcel, un théâtre situé rue Censier, dans un quartier de tanneur.

On m'y appelle : LE FIGURANT QUI REMPLACE LE MANNEQUIN.

Le théâtre Saint-Marcel est l'enfer de la pauvreté humaine. Les comédiens s'y peignent les pieds avec du noir pour imiter les bottes, et cirent des bottes réelles pendant l'entr'acte à la porte du spectacle. Un procès compliqué contre les quinze derniers directeurs du théâtre Saint-Marcel absorbe le peu d'argent que les artistes gagnent à cette industrie de commissionnaire.

A ce théâtre, on ne se souvient pas d'avoir été payé ; et c'est à ce point qu'un journaliste ayant laissé tomber dans le foyer des comédiens une pièce de cinq francs, cette pièce est restée là jusqu'à ce que son propriétaire vînt la chercher, car personne ne savait ce que c'était !

Le directeur nourrit les artistes chez un marchand de vins dont la boutique est située en face du théâtre ; le matin, ils ont du petit-salé, le soir, la soupe, le bœuf et un morceau de fromage. Bien entendu, les amendes roulent là-dessus, puisque l'argent n'est pas connu au théâtre Saint-Marcel.

Pour les petites amendes on leur ôte le fromage, pour les moyennes le bœuf, et les grosses amendes consistent à ne pas dîner du tout. Le malheureux comédien qui est à l'amende se promène avec désespoir devant la boutique du marchand de vins, en attendant l'heure où il jouera *Une passion* et *Il y a seize ans*.

Car au théâtre Saint-Marcel, faute d'avoir pu en monter d'autres depuis dix ans, on n'a jamais joué que deux pièces, *Il y a seize ans* et *Une passion*.

Dans chacune de ces comédies il y a un mannequin, et le mannequin d'*Il y a seize ans* est précipité du célèbre pont cassé haut de douze pieds. Or, comme le costumier, homme intraitable, demandait quarante sous

pour déshabiller et rhabiller le mannequin
pour le drame, je suis, hélas ! le figurant qui
remplace le mannequin ! pour dîner et dé-
jeuner à la cuisine chez le marchand de vins
des artistes. Je fais chaque soir ce saut terrible ! trois fois par semaine régulièrement, je
tombe et je me mets le crâne en loques,
voyez mes balafres ! j'ai fait vingt ans la
guerre sous l'Empire, et je n'en avais rap-
porté que deux blessures ; mais le rôle du
mannequin, ce sont de rudes campagnes !

Seulement, comme je n'ai pas trouvé d'autre état que celui-là pour ne pas mourir de
faim, je fais celui-là.

—Milord, s'écria vivement Roger-Bontemps,
je demande à présenter une observation. La
profession de monsieur n'est pas excentrique,
elle est absurde !

—Messieurs, dit lord Sidney, n'attaquez
pas vos professions réciproques, toutes ont
bien leur mérite, et Paris lui-même serait
embarrassé, car vous êtes plus de trois, et je
ne sais vraiment comment vous satisfaire
tous ! sachez seulement que je trouverais de

très-mauvais goût de votre part de ne pas fourrer l'argenterie dans vos poches et que moins on en retrouvera sur la table, plus je garderai de vous un agréable souvenir.

A cette apostrophe un peu directe, deux ou trois des convives rougirent d'avoir été devinés; mais ce ne fut qu'un nuage. Ceux qui ne s'étaient pas mis à l'aise jusque-là se rattrapèrent et mademoiselle Régine en profita pour s'écrier :

—Ah! mon Dieu! je m'aperçois que je suis venue sans bouquet, et que je vais au bal !

Lord Sidney qui comprenait à demi-mot, lui fit apporter par Tobie le célèbre bouquet de diamants et de pierreries, et lui dit avec un sans-façon digne de Richelieu :

— Excusez-moi si je vous le *donne*, mais j'ai si peu de temps à moi !

Maintenant, dit-il en se tournant vers ses convives, remplissez les coupes, M. Tobie, et buvons une dernière fois aux dieux inconnus ! mademoiselle Régine voudra bien décerner le prix pour moi, car je me sens plein de per-

plexités entre tant de professions excentriques !

— Pardon, milord, murmura timidement
le jeune homme de dix-huit ans, mais je n'ai
pas encore parlé.

Les convives regardèrent avec dédain ce
faible athlète.

— Eh quoi, lui dit lord Sidney avec un
étonnement profond, auriez-vous à votre âge
une profession plus excentrique que les professions excentriques de ces messieurs ? Mais
alors quel démon peut l'avoir inventée ?

— Milord, articula le jeune homme d'une
voix douce mais ferme, JE SUIS POETE LYRIQUE
ET JE VIS DE MON ÉTAT.

A cette révélation foudroyante, tous les
convives baissèrent la tête.

— Que ne parliez-vous plutôt, s'écria lord
Sidney, les dix mille livres de rente sont à
vous, et bien à vous !

Mais comment ferez-vous pour mourir à
l'hôpital ?

— Milord, dit finement Régine, je vais
prier monsieur de m'offrir son bras. Et d'un

geste de chatte, elle ramassa les deux cent mille francs, et les fourra dans la poche du jeune homme.

Le bouquet et les yeux de mademoiselle Régine étincelaient comme des myriades d'étoiles frissonnantes. Elle prit la main de son cavalier improvisé.

— Et votre fou ? lui demanda-t-il en tremblant d'amour.

—Bah ! répondit la terrible Parisienne avec un cynisme à effaroucher le marquis de Sade! Plus on est de fous, plus on rit !

On se leva pour partir et on choqua les verres une dernière fois. Les bougies se mouraient et éclairaient la salle des Titans de reflets ensanglantés. Lord Sidney sa coupe élevée dans sa belle main entonna le magnifique refrain de Pierre Dupont : Aimons-nous !...

Cette grande invocation fut répétée en chœur, et les convives disparurent comme des ombres par les portes de la boiserie.

Comme elles se refermaient, lord Sidney jeta un dernier regard sur ses convives.

DES TITANS. 137

— Hélas! murmura-t-il, tandis que ses yeux erraient sur les bas-reliefs de la salle, ceux-là aussi sont des Titans vaincus!

M. Tobie s'avançait en souriant pour parler à son maître, mais celui-ci le congédia d'un geste. Resté seul, il s'écria :

— Hélas! il faut donc que de pareilles choses existent pour que nous soyons riches!

Et, cachant son front dans ses mains, il pleura amèrement.

FIN.

TABLE

La Vie d'une Comédienne 1

Le Festin des Titans.................. 97

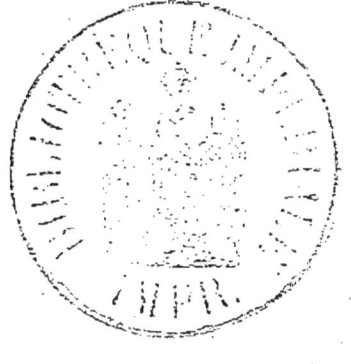

Corbeil, imprimerie de Crété.

www.ingramcontent.com/pod-product-compliance
Lightning Source LLC
Chambersburg PA
CBHW060137100426
42744CB00007B/815